教你如何读名著

中册

张素凡 主编

中国书籍出版社

图书在版编目(CIP)数据

教你如何读名著:全三册/张素凡主编.——北京:中国书籍出版社,2022.6
ISBN 978-7-5068-9026-7

Ⅰ.①教… Ⅱ.①张… Ⅲ.①阅读课-初中-教学参考资料 Ⅳ.①G634.303

中国版本图书馆CIP数据核字(2022)第085064号

教你如何读名著（全三册）

张素凡　主编

责任编辑	李　新
装帧设计	书香力扬
责任印制	孙马飞　马　芝
出版发行	中国书籍出版社
地　　址	北京市丰台区三路居路97号（邮编:100073）
电　　话	（010）52257143（总编室）　（010）52257140（发行部）
电子邮箱	eo@chinabp.com.cn
经　　销	全国新华书店
印　　刷	成都兴怡包装装潢有限公司
开　　本	710毫米×1000毫米　1/16
字　　数	670千字
印　　张	39.5
版　　次	2022年6月第1版
印　　次	2022年6月第1次印刷
书　　号	ISBN 978-7-5068-9026-7
定　　价	98.00元（全三册）

版权所有　翻印必究

善读爱读有道引，"入书出书"自当成
浙江教学月刊社 陈永华

陈永华　浙江教学月刊社社长、总编辑

知识来得易，体验得难，名著阅读是一次次的生命体验，在体验中不断丰富人生，增长智慧。

金戈　2021年11月11日

金戈　浙江省特级教师、浙江省优秀教师、杭州市保俶塔申花实验学校校长这是多年实践的成果，编委们投注了大量的心血。相信对于开展整本书阅读和指导的师生们，是能有所助益！

阙银杏

阙银杏　浙江省特级教师、温州市初中语文教研员读经典名著，到高处呼吸。

陈秋莲

陈秋莲　温州市初中语文师训员

主　编：张素凡

编写人员（按姓氏音序排列）：

    陈瑾慧　陈晓玲　褚淑贞　方海平　高炳洁

    胡曦阳　胡暄祥　纪玉丕　林晓慧　卢　娉

    张伟妮　郑娟娟　郑佩佩　朱静思

序言：第三种阅读

任 峻

一

从 20 世纪末开始，随着应试教育力度的不断加大，中学语文教育就越来越受到社会各界的诟病和关注。尤其是北大著名教授钱理群亲自进入南师大附中讲课的事件，以及十年后，他宣布自己的教学实验失败，并从此退出中学语文教育的事件，都在教育界引起轰动。当然，国内各界认识到中学语文教育中的弊病，并努力进行改进的人，远不止钱理群一个。教育部门，尤其是高校对于中学语文教育的关注和投入反而不断地在加强，从而带动了社会各界对中学教育的整体反思和探索。

中学语文教育中存在的最大问题，是应试教育导致的学生思维方式的僵化，尤其表现在作文方面写作的模式化。而导致这种模式化的重要原因是应试教育的标准化、功利化，很多中学语文教师对学生的阅读，尤其是课外阅读的不重视，进而导致学生知识面的狭窄和眼界的不开阔。这种过于功利的教学方式，实际上未必真正有利于学生学习成绩的提高，同时也不利于他们个人素养的提高和健全人格的形成。

有鉴于此，从前几年开始，在国家统编语文教材中已经加强了阅读课的设计，提倡将阅读往课外拓展，倡导 1+X 的群文阅读模式，增加了课外阅读的比重。曹文轩曾说："对于语文学科来说，课堂学习只不过是其中一部分，甚至不是最重要的一部分；语文学习的完成须有广泛而有深度的课外阅读做保证。"他还指出："阅读经典免去了我们生命的虚耗和损伤。我们可以通过对这些图书的阅读，让我们的生命得以充实和扩张。"

卡尔维诺在《为什么读经典》里说："经典作品是这样一些书，它们对读过并喜爱它们的人构成一种宝贵的经验；但是对那些保留这个机会，等到享受它们的最佳状态来临时才阅读它们的人，它们仍然是一种丰富的经验。"卡尔维诺所说的经典主要是指经典的文学作品，当然经典并不只是文学，但即便只是文学作品，它们所能提供给我们的也不只是文学的内容，其中可以包括历史、地理、人文、哲学等方方面面的内容，除了可以给读者提供丰富的知识，更重要的是，其中经常包含着这些卓越的作家们对于人类的现实世界、精神世界的人文关怀和终极关怀，是人类文化、文明精华的高层次呈现，是前人留给后人的"一种宝贵经验"。

钱理群在《我们需要怎样的中学语文教师》中说："人不仅仅是为了追求眼前的物质利益而活着，还应有一种超越于现象世界的追求。"而经典正是培养人的终极关怀、培养人的信仰和信念所不可或缺的宝贵经验。有了这些经验的滋养，人就会形成一个"精神的底子"，使他在长大后面对社会、人生的不完美时，不会陷入虚无主义，而是会在痛苦的思考和怀疑之后，最终成为一个成熟的人。阅读经典的另一个任务是培养学生对语言的敏感，也就是培养学生欣赏语言的美能力，和对语言的驾驭能力。这也是对人的心灵的一种训练。而在这一过程中语文教师的责任："一是培养学生读书的兴趣；二是教给学生好的读书方法；三是养成读书的习惯。"

二

《教你如何读名著》显然是一本具体落实以上经典阅读理念的书。张素凡老师在前言里是这么说的："本书以初中统编教材推荐的导读与自主阅读作品为主，拓展延伸部分名著，聚焦整本书阅读的方法策略，进行导读设计，目的就是要教会学生阅读，养成阅读习惯，把阅读视为学习生活的一部分，并在阅读中培养思辨能力，激发积极的情感，获得内心成长的能量，从而提高人文素养，树立正确的'三观'，促进终身发展。"

这部书一共选收44部作品，选文广泛而经典，古今中外皆有，各种文体兼具，大多作品兼顾故事性、趣味性、人文性和可读性。如《哈利·波特与死亡圣器》《老人与海》《海底两万里》《昆虫记》等，很能挑起中学生的阅读兴趣；《人类群星闪耀时》《傅雷家书》《给青年的十二封信》《红星照耀中国》等，字里行间闪烁着人文的情怀、人性的光辉和人生的感悟。此外，像《世说新语》《苏菲的世界》《我是猫》等作品，和课内教材相比，阅读难度略有提高，具有一定的挑战性。

在具体的结构安排、导读攻略、课型设计，以及目的、要求的设置等方面，前言里已经说得很详细，总体看来都相当严谨，此不赘述。这里想约略说一下以下几点感受：一是各篇导读对作品的特点抓得比较准确。因为授课的对象是初中生，对于初中生而言，面对一整本的书，尤其是一部长篇巨著，要求他们面面俱到地去掌握，显然不现实，关键是要让他们把握作品的大致脉络和要点。比如《世说新语》，上、下两部共36章，单"赏誉"部分就有156篇，要求教师全部讲解，学生全部掌握不大可能。所以该部分的导读设计是"找出一些需重点掌握的关键信息，比如：魏晋风度、简略的叙事风格、语言、笔记小说，从而在阅读时有目的地做好圈点勾画和笔记、批注等等"。而在具体的范例中，教师抓住了魏晋时期人们对美（男子的美和女性的美）的重视和魏晋风度，并分别以谢道韫、嵇康为例进行分析，我认为是抓住了要点。因为重要的是渔，而不是鱼。二是在每一个篇章里，阅读方法都得到了普遍的重视。速读、跳读、精读、边读边批注，不同文学作品的比较阅读，文学作品与影视作品、漫画等的比较阅读，思想内涵解析，人物形象对比分析，环境描写、场景细节描写赏析，精彩段落、语句赏析、故事复述、自由交流等，不一而足。总体上遵循由浅及深、循序渐进的原则，对提升学生的阅读能力是有好处的。三是除了对对象作品的深入解读之外，老师们也经常会由此及彼地对学生进行阅读面的拓展，比如由《猎人笔记》到格里戈罗维奇的《苦命人》和托尔斯泰的《一个地主的早晨》，由《三国演义》到施耐庵的《水浒传》和易中天的《品三国》，从《镜花缘》到《格列佛游记》《红楼梦》，从《儒林外史》到《围城》等的延伸阅读，有利于拓展学生的阅读面。四是其中不少老师都对阅读难度和标准答案有所警惕。比如："《世说新语》的阅读难度也是很明显的，因为它是一部文言文笔记小说集。这对于文言积累还很薄弱的初中生来说，是相当难啃的。"比如："每个人的心中都有一个属于自己的哈利·波特，哈利是谁？"因为对初中生来说阅读难度和是否能自由发表看法，是影响他们阅读兴趣的两个相当关键的因素。

三

卡尔维诺说："一部经典作品是一本永不会耗尽它要向读者说的一切东西的书。"因为一部优秀文学作品的内涵经常是多层次的、多义的、模糊的，有些甚至是无法言传的，常读常新的。我们不必要求一个初中生一次就将一部经典名著读懂、读透，以他们的学养、经历，这也是很难完成的任务，所以我觉得对于初中生来说，教师需要对他们的阅读进行适当的引导，但不要强求深度和难度。尤其是在课外阅读中，更应该尊重他们的个人爱好、偏好和兴趣，让他们自己去选择阅读什么，适当减少阅读的功利性。正如《为什么读经典》的译者陆元昶说："但我努力节省出尽可能多的时间，用于毫无功利的阅读，用于我喜爱的作家，他们富于诗的本质，这是我所相信的真正食物。"在我看来，本书是课堂阅读与无功利阅读之外的第三种阅读。对于学生来说，它是必要的。

2021 年 11 月　于杭州

（任峻　国家一级作家、浙江省文联传媒中心总编、《品味》杂志社和《浙江诗人》总编）

前 言

立身以立学为先，立学以读书为本。

阅读是人类获取知识的重要途径，是提高人文素养，健全人格的重要渠道，是人们受益一生的学习习惯。在大力倡导全民阅读的今天，激发阅读兴趣，掌握阅读方法显得尤为重要。

就学校而言，让每个学生都爱读书、会读书是基本要求，也是第一要务。《义务教育语文课程标准》明确要求学生要"学会制订自己的阅读计划……每学年阅读两三部名著"，教师"要重视培养学生广泛的阅读兴趣……提倡少做题，多读书，好读书，读好书，读整本的书"，还强调要"加强对课外阅读的指导……创造展示与交流的机会，营造人人爱读书的良好氛围"。现行全国统编语文教材"教读""自读""课外阅读"三位一体，引进许多原典、名篇、时文等，旨在引领学生亲近经典，爱上阅读，促进生命成长。

然而，不少学生缺乏自觉阅读的意识和兴趣，阅读面狭窄，阅读能力不强，经典阅读得不到有力有效的落实，恰恰是目前很多学校面临的一个十分普遍的问题。

那么，如何解决问题、弥补缺陷？我们集教师集体之智慧，汲取在教学研讨和实践中积累的宝贵经验，编写了《教你如何读名著》。

本书以初中统编教材推荐的导读与自主阅读作品为主，拓展延伸部分名著，聚焦整本书阅读的方法策略，进行导读设计，目的就是要教会学生阅读，养成阅读习惯，把阅读视为学习生活的一部分，并在阅读中培养思辨能力，激发积极的情感，获得内心成长的能量，从而提高人文素养，树立正确的"三观"，促进终身发展。

本书突出了以下特色：

1. 全面构建导读体系

（1）结构的编排

本套书共三册，每册包含上、下两卷，采用"课内课外沟通，年段分册合成"的结构方式。每部作品的导读聚焦读书方法，至少呈现作品介绍、实施要求、导读攻略、教学设计等指导内容，其中教学设计又根据温州市初中教学新常规（语文）的要求分成名著导读课、名著研读课、阅读交流课三种课型。

（2）三种课型的设计

温州市初中语文新常规指出，名著导读课的目的在于激发阅读兴趣、感受名著魅力、提示阅读方法，以利于学生更好地进行阅读；名著研读课，是在学生阅读的已有基础之上，教师引导学生对名著做进一步的发现和理解，读到原先未读到之处，解开原先未解开之惑；阅读交流课，则让学生通过阅读心得和成果的分享，深入了解名著，相互丰富阅读体悟。本套书正是践行了新常规的这一理念。

2. 多方位地指导阅读

作为全民阅读的导读参考类书籍，本书尤其适合初中阶段的师生使用。首先，我们按照学生的阅读心理和接受能力进行编写。简要的作品介绍，为要激起学生的阅读期待。导读攻略给学生提供了阅读的脚手架，其中的阅读安排与任务，更是提示阅读路径和序列，让学生在阅读时收获阅读技巧，懂得如何与文本和作者进行对话，对作品中丰满的形象、丰富的情感、深刻的意蕴以及遣词造句等进行欣赏和思考。其次，实施要求和三种课型的设计，是编写者对作品的理解、思考和导读处理，为更多教师提供阅读指导的范例和参考，以期更好地帮助学生灵活运用鉴赏、比较、评价、探究等方法，充分感知文本，获得阅读体验，形成阅读能力，提高文学素养。

3. 导读重过程易操作

如何"导"与怎样"读"，是本书的重点。"导"的过程凸显任务驱动、情境设置和方法引领，其导学单的使用，让学生从"书本世界"回归到"生活世界"，在生活经验或经历中发现问题，把对知识习得的过程与处理各种关系的过程结合起来。"读"的过程侧重策略运用、自主实践和合作探究，其"活动"的实质就是学生学习的基本途径。导读设计基于学生已有知识积累和实际认知水平，"导"的内容基本上可以"现趸现卖"，掌握了就可以应用到"读"中去。

本书的出版，得益于温州市洞头区"书香温州 全民阅读"领导小组、中共温州市洞头区委宣传部、洞头区教育局的鼎力支持，在此谨表衷心的感谢！

国家一级作家、浙江省文联传媒中心总编、《品味》杂志社和《浙江诗人》总编任峻为本书写序,浙江省书法家协会副主席、秘书长何涤非为本书封面题字。浙江教学月刊社社长、总编辑陈永华,浙江省特级教师、浙江省优秀教师、杭州市保俶塔申花实验学校校长金戈,浙江省特级教师、温州市初中语文教研员阙银杏,温州市初中语文师训员陈秋莲为本书题词。在此一并表示感谢!

  由于是导读书籍,需要研究、实践和探讨的地方有很多,再加上我们水平有限,难免存在欠妥和不足之处,恳请使用者批评指正。

张素凤
2021年7月

目录

上卷

红星照耀中国	方海平	002
长　征	褚淑贞	014
飞向太空港	卢　娉	029
昆虫记	朱静思	044
星星离我们有多远	郑娟娟	058
寂静的春天	陈晓玲	070
老人与海	胡暄祥	084
傲慢与偏见	郑佩佩	099

下卷

傅雷家书	纪玉丕	120
苏菲的世界	褚淑贞　郑娟娟	133
给青年的十二封信	高炳洁	154
钢铁是怎样炼成的	陈瑾慧	166
平凡的世界	张伟妮	175
名人传	林晓慧	191
沙乡年鉴	胡曦阳	205

《红星照耀中国》　方海平
《长征》　褚淑贞
《飞向太空港》　卢　娉
《昆虫记》　朱静思
《星星离我们有多远》　郑娟娟
《寂静的春天》　陈晓玲
《老人与海》　胡暄祥
《傲慢与偏见》　郑佩佩

上卷

教你如何读名著·中册

红星照耀中国

——【美】埃德加·斯诺

一、作品介绍

【内容简介】

《红星照耀中国》又名《西行漫记》，是一部具有很强纪实性的报道性作品，文笔十分优美。作者真实记录了自1936年6月到10月在我国西北以延安为中心的陕甘宁边区革命根据地进行实地采访的所见所闻，详细描述了中国共产党人和红军战士坚韧不拔、英勇卓绝的伟大斗争，以及他们伟大而平凡的精神风貌。该书被誉为研究中国革命的经典百科全书。

在寻找中国革命的背景和发展原因的过程中，斯诺对中国及中国革命的理解达到了一个新的高度。他发现了一个"活的中国"，发现了隐藏在亿万劳动人民身上的力量，并对普通中国百姓，特别是农民，即将在历史创造中所起到的作用作出了正确的预言——中国的未来就掌握在他们手中。斯诺从事实上宣告："中国共产党及其领导的革命事业犹如一颗闪亮的红星，不仅照耀着中国的西北，而且必将照耀全中国，照耀全世界。"

【作者简介】

埃德加·斯诺（Edgar Snow，1905年7月11日—1972年2月15日），美国著名记者。他于1928年来华，1933年4月至1935年6月兼任北平燕京大学新闻系讲师。1936年6月前往陕甘宁边区，采写了大量通讯报道，系第一个采访中国红区的西方记者。抗战爆发后，他又任《每日先驱报》和美国《星期六晚邮报》驻华战地记者。1942年离开中国，前往中亚和苏联前线采访。

1972年2月15日，斯诺病逝于瑞士日内瓦。家属遵照其遗愿，将其部分骨灰葬在北京大学未名湖畔。

【创作背景】

作者于1936年6月至10月对中国西北革命根据地进行了实地考察，根据考察所掌握的第一手材料完成了《西行漫记》的写作。斯诺作为一个西方新闻记者，对中国共产党和中国革命作了客观评价，并向全世界作了公正报道。

斯诺同毛泽东、周恩来等进行了多次长时间的谈话，搜集了二万五千里长征第一手资料。此外，他还实地考察，深入红军战士和老百姓当中，口问手写，对苏区军民生活、地方政治改革、民情风俗习惯等作了广泛深入的调查。四个月的采访，他密密麻麻写满了14个笔记本。当年10月底，斯诺带着他的采访资料、胶卷和照片，从陕北回到北平，经过几个月的埋头写作，英文名《Red Star Over China》、中文译名为《西行漫记》或《红星照耀中国》的报告文学终于诞生。

二、实施要求

纪实作品是记录人与事真实情况的作品，其基本特点是用事实说话。教师指导学生阅读时要遵循整本书阅读和纪实作品的特点，教学流程大致可以设计如下：

1. 教师制定"篇章阅读指导"任务引导学生通读全书，在阅读指导任务单引导下完成熟悉作品内容。

2. 围绕"读长征，探原因，悟精神"的方法三条线进行导读熟知、精读感悟与自读交流三课时的指导设计。

3. 以活动课的形式把握作品主旨，帮助学生学会阅读纪实文学作品。

三、导读攻略

【阅读策略】

阅读纪实作品，最基本的要求是清楚地把握作品所写的事实。

首先，利用序言、目录等迅速获得对作品的整体印象。

其次，边读边梳理作品中事实的前因后果、发展线索。

重点一：共产党及红军是如何绝处求生的，其生存、发展靠的是什么？

重点二：共产党领袖人物的成长历程是怎样的？他们的信仰和他们对于中国命运的思考。

再次，把握作品中的"事实"之后，还要明白作者想用事实说什么"话"。

最后，阅读纪实作品，最终要从中获得启迪，用来指导自己的学习与生活。

【阅读计划】（任务单）

阅读篇目	阅读时间	关键词 （教师提炼）	情节概述 （学生阅读笔录）[参考]
01-探寻红色中国	第1天	探寻 红色 疑问	讲述作者对红色世界的好奇，开始深入苏维埃红区，去探究苏维埃共和国、红军、共产党的秘密，并且讲述了张学良和杨虎城与共产党达成一致抗日协议的原因和经过
02-去红都的道路	第2-3天	追逐 贺龙 旅伴	讲述在进入红区的途中被白匪追逐的经历，并讲述了国民党通过"民团"这一组织对地方的统治和镇压政策。介绍了周恩来和贺龙的人生经历以及他们独特的个人魅力。介绍了许多年轻的红军战士们因为被剥削被压迫的命运而参加红军、热爱红军的故事
03-在保安	第4-5天	苏维埃 抗日 悬赏 剧社	讲述了共产党领导人毛泽东给作者的初步印象：健康、质朴纯真、有幽默感、精明、精力过人，是一个颇有天赋的军事和政治战略家。谈到了共产党的基本政策是反帝反封。红军大学开展的各项课程以及红军剧社开展的宣传工作
04-一个共产党员的由来	第5-6天	童年 前奏 成长	本章讲述了共产党领导人毛泽东的人生经历、思想改变以及成长为红军领导人的过程
05-长征	第7-8天	围剿 迁移 英雄	讲述了红军长征的艰难过程。着重记叙了第五次大围剿，以及长征中强渡大渡河、过大草原等艰难英勇的事迹
06-红星在西北	第9天	苏区	讲述了刘志丹开创西北苏区的历程，西北大灾荒和苛捐杂税给人民带来的苦难。苏维埃社会、政治、经济、文化、货币各方面政策
07-去前线的路上	第10天	红色农民	讲述了普通农民对红军的拥护，对苏区工业的繁荣以及苏区工人身上具有的乐观活泼的社会主义工业精神
08-同红军在一起	第11天	红色战士	讲述了作者深入到真正的红军内部，了解他们年轻、精神饱满、训练严格、纪律严明、装备出色、政治觉悟高，才使得他们成为铁打的军队。并且讲述了促使司令员彭德怀走上革命道路的悲惨童年经历，以及他独特的个人魅力。红军采用游击战术的原因和策略。红军战士健康丰富的生活

续表

阅读篇目	阅读时间	关键词 （教师提炼）	情节概述 （学生阅读笔录）［参考］
09-同红军在一起（续）	第12—13天	徐海东 团结 抵抗	共产党军事领导人徐海东的人生历程以及中国残酷的阶级战争给老百姓带来的杀戮和苦难。讲述共产党团结回族人民抵抗压迫者的策略
10-战争与和平	第14—15天	红色少年 朱德	讲述红色中国的少年们耐心、勤劳、聪明、努力学习，代表着中国的希望，讲述共产党为建立统一战线所做的努力以及革命领导人朱德极其杰出的领导才能和个人魅力
11-回到保安	第16—17天	红色中国	讲述了在敌人封锁下的保安地区，红军丰富多彩的生活。讲述了俄国对于红色中国的影响以及德国顾问李德指挥作战时出现的失误及其原因
12-又是白色世界	第18—19天	西安事变	详细记述了"西安事变"的具体经过、结果，以及对形成抗日民族统一战线的积极影响。并分析了中国社会革命运动的复杂社会背景、面临挑战及其终将取得胜利的原因

寻找那一颗星

——《红星照耀中国》导读课

【导读目标】

1. 通过读序言，明确"红星照耀中国"这一历史预言产生的社会背景。
2. 通过读目录，查找作者采访的人物，探询预言产生的经过。
3. 通过自由阅读，初步感知作品中的人物特点，激发进一步阅读探究的兴趣。

【导读重点】选读人物故事，感受红军精神。

【导读方法】范例法，点拨法，猜读法，速读法，批注法

【导读过程】

一、背景导入

作者根据1936年6月到10月对中国西北革命根据地进行实地考察所掌握的第一手材料完成了《红星照耀中国》的写作。作为一个西方新闻记者，斯诺对中国共产党和中国革命作了客观评价，并向全世界作了公正报道。

四个月的采访，他密密麻麻写满了14个笔记本。当年10月底，斯诺带着他的采访资料、胶卷和照片，从陕北回到北平，经过几个月的埋头写作，英文名《Red Star Over China》、中文译名为《西行漫记》或《红星照耀中国》的报告文学终于诞生。

二、读目录，整体把握大局

（一）猜读题目

《红星照耀中国》是一部经典的报告文学，谁知道这个书名的意思是什么？

明确：红星照耀中国，即共产主义之光照耀中国。

（二）跳读序言

以人民文学出版社2016年版为准（后同），浏览一篇序言（译者序和作者序任选一篇），运用跳读，完成表格。

方法指导：读序言，可以了解内容概要、写作缘由和过程，明确作品纲领和写书目的。

作者	【美】埃德加·斯诺，新闻记者
采访时间	1936年西安事变前夕
采访路线	北平—西安—保安—预旺—保安—西安
采访对象	毛泽东、周恩来、朱德、彭德怀…… 红军战士、农民、工人、知识分子
采访目的	从未加入过任何政党的斯诺消除国际上对中国共产主义革命的偏见，客观公正地揭示其真实情况，他冲破国民政府的层层封锁进入中国红区，寻求红色中国的真实面貌
采访感想	不可征服的力量

（三）浏览目录

方法指导：边阅读边梳理作品中时间的前因后果、发展线索。

学生浏览目录，说一说，这本书的写作顺序是怎么样的？主要写了哪几方面的内容？

阅读篇目	关键词（师提炼）
01-探寻红色中国	探寻　红色
02-去红都的道路	追逐　贺龙　旅伴
03-在保安	苏维埃　抗日　悬赏　剧社
04-一个共产党员的由来	童年　前奏　成长

续表

阅读篇目	关键词（师提炼）
05-长征	围剿　迁移　英雄
06-红星在西北	苏区
07-去前线的路上	红色农民
08-同红军在一起	红色战士
09-同红军在一起（续）	徐海东　团结　抵抗
10-战争与和平	红色少年　朱德
11-回到保安	红色中国
12-又是白色世界	西安事变

明确：作品是按探寻"红色中国"的时间、空间顺序来记录见闻的。

三、速读，了解人物感受精神

学生选取书中报道人物的任意章节，速读，摘记人物的主要经历及作者的评论，标注最让人感动的故事或细节，写下自己的阅读感受。

从子目录中摘录出关于红军的章节，请学生选择感兴趣的部分默读，并做读书卡片：

造反者（45）　　　　　　　贺龙二三事（54）

红军旅伴（61）　　　　　　苏维埃掌权人物（68）

一个共产党员的由来（115）　彭德怀印象（269）

为什么当红军（274）　　　　红色窑工徐海东（304）

"红小鬼"（339）　　　　　　关于朱德（355）

要求：速读，梳理人物的主要经历，标注最让你感动的故事或细节，摘录作者评论人物的关键词，写下你的感受。（写在读书卡片上）

《红星照耀中国》读书卡填写人

人物	
主要经历	
令我感动的故事或细节	
作者评论	
我的感受	

四、布置作业

阅读全书，继续解谜。边读边思考以下问题：

1. 请你划出所报道的红军将领、战士这些人物的主要经历及作者的评价，最让你感动的故事或细节标注出来，并批注自己的阅读感受。

2. 随着作者采访的深入，他情感发生了哪些变化？为什么？

3. 专题阅读毛泽东、周恩来、朱德、彭德怀、贺龙等，并从外貌形象、言谈举止、出身与家庭、童年经历、受教育情况、参加革命的原因、参加革命后的经历等方面来做整理。也可以针对长征做一个专题阅读。

4. 你所了解的埃德加·斯诺。

行走真实的西部
——《红星照耀中国》研读课

【研读目标】

1. 跳读重点章节，品读关键词句，理解纪实作品真实性、文学性兼有的特点。

2. 把握纪实作品的基本特点，总结纪实作品的阅读方法，学会用客观、理性的态度阅读纪实作品。

3. 了解经典纪实作品中人物的成长历程、信仰追求、精神品质，感悟其中蕴含的精神力量，树立正确的人生观与价值观。

【研读重点】理解纪实作品中的真实性与文学性。

【研读难点】拉近学生与红色经典纪实作品的距离，帮助学生正确认识红色经典纪实作品的价值。

【课时安排】1课时

【研读过程】

一、导入

《红星照耀中国》是一部纪实作品，纪实作品不像我们之前读过的一些文学艺术作品，他不一定有曲折跌宕的情节，不一定有华丽隽永的语言，也不一定有丰富神奇的想象，但它有其自身的特点和价值，那么它的特点是什么？怎样才能认识这部经典纪实作品的魅力和价值？就是这堂课我们要一起来讨论和探究的，希望通过今天的共同学习，我们都有一些启发和收获。

屏显：课题——行走真实的西部

二、理解纪实作品的真实性

1. 我们来猜一猜下面这些人是谁。

屏显：

（1）他是个面容瘦削，看上去很像林肯的人物，个子高出一般的中国人。

（2）他个子清瘦，中等身材，骨骼小而结实，尽管胡子又长又黑，外表仍不失孩子气。

（3）他是个大个子，像只老虎一样强壮有力。年过半百，仍很健康。

（4）他，身材不高，但很结实，胳膊和腿却像铁打的一样。

（5）新来的那个人马上面露笑容，脸涨得通红，嘴里露出掉了两个门牙的大窟窿，使他有了一种顽皮的孩子相。

明确：他们依次是毛泽东、周恩来、贺龙、朱德、徐海东。

2. 提问：如何理解斯诺说的毛泽东是个"令人感兴趣而复杂的人"？请同学们快速跳读：《苏维埃政权》和《一个共产党的由来》，勾画关键词句，交流、讨论。[学生读书、勾画、交流回答（8分钟）]

3. 老师引导：我们注意到在斯诺笔下，毛泽东是一个极富魅力的伟人，又是一个生活随意、邋遢的凡人。所以斯诺曾说，毛泽东是一个极令人感兴趣而复杂的人物。这就是纪实作品基本特点之一——真实性。纪实作品必须要用事实说话，无论是写人还是叙事，都必须真实。（板书：真实性）斯诺对毛泽东有赞美欣赏，也不回避毛泽东的不足，让我们看到了一个真实的毛泽东。

三、体会纪实作品的文学性

1. 教师引导：好的报告文学除了要有真实性，还应该具备另一个重要特点，那就是文学性，请看下面这段文字。

> 他是少年先锋队中的"花花公子"，他不知道从哪里弄到一条军官皮带，穿着一套整洁合身的小军服，帽檐什么时候发软了，总是衬着一条白布，露出一点。他无疑是全城最漂亮整齐的士兵，毛泽东在他旁边也显得像一个江湖流浪汉。

2. 教师提问：这段话写的是书中的哪个人？你觉得斯诺这样写，好不好，为什么？

预设：这段话写的是一个可爱又精神，时髦又漂亮的红小鬼。主要运用外貌描写，寥寥数笔，写出毛泽东跟小家伙的"洋气时髦"对比，像个流浪汉。虽然条件如此艰苦，但红小鬼却尽力让自己显得漂亮整齐。这样写，可以看出这是个热爱生活而又乐观的人，让人从中去感受，即使在艰苦的处境中也永远要有一颗爱美的心。

3. 我们再看下一段文字。

屏显：

> 这是一个大胆无畏和大公无私的故事，一个无比勇敢和智慧的故事，一个难以相信的苦难，一个为着忠于一个为民族的自由解放而斗争的伟大主义而丢弃个人享受、财富和地位的故事。当这一时期的历史完全被写下来的时候，上述这个简单的自传将长上血肉。

4. 教师提问：这段话作者是在赞美哪一个人？（朱德总司令）

5. 引导：如果这段话我们改为这样，两段话哪一段更好？为什么？

屏显：

> 朱总司令大胆无畏、大公无私、无比勇敢、经历很多苦难但仍然忠于民族，甚至放弃了个人享受、财富和地位，他是一个伟大的人。

预设：斯诺首先运用了比喻的修辞手法，把朱总司令的一生经历比作一个个的故事，还用排比的修辞手法写出了朱总司令的许多优秀品质。此外，又用议论和抒情的表达方式，强烈表达他对朱总司令的由衷敬佩和赞扬。改后的文字虽然真实准确地概括出朱总司令的优秀品质，但却公式化，缺少感染力。

6. 小结：所以，我们在纪实作品中，经常也会看到细腻的描写，巧妙的修辞，饱含情感的议论和抒情。这就是纪实作品的另一个重要特点——文学性。

7. 引导：我们一起再次体会一下这样的描写、修辞、议论和抒情，请大家找一找。

（重点阅读：P45（造反者）、P195（大渡河英雄）、P215（死亡和捐税）、P264（真正的"红军"）、P339（"红小鬼"）中的相关段落，并就描写、修辞、议论和抒情等方面作简单赏析。（5分钟）

教师总结：读到这些语段时，我们似乎回到了那八十年前的西北革命根据地，听到了那一声声嘹亮的军号声，看到了那城墙上飘扬的红旗，还有红小鬼纯真的脸，充分感受得到斯诺被红色中国深深震撼着的神情以及他对这个地方、这些人的如火热情。

四、感悟纪实作品的启迪性

1. 教师引导：斯诺怀着一种冒险的心情走进红色中国，并在短短两个月时间里就完成了这部当时举世轰动的纪实作品，他在该书的序言中深情地写道：

屏显：

> "这一本书是我写的,这是真的,这些故事却是中国革命青年所创造的,所写下的。这些革命青年们使本书描写的故事活着。"……"从这些革命青年们,读者可以约略窥见使他们成为不可征服的那种精神,那种力量,那种欲望,那种热情。这些是人类本身丰富而……灿烂的精华"……

他在序言的最后写到:

屏显:

> ——谨向英勇的中国致敬,并遥祝最后的胜利。他临终的遗言是＿＿＿＿＿＿。
> ——我热爱中国!

2. 教师引导:从这些文字中我们不难看出,那些青年们身上的精神、力量和热情深深震撼着斯诺,同样也震撼着我们,欢迎大家和我一起交流你们的想法。

3. 学生跳读相关章节,说说自己的感受。

4. 拓展延伸:全国抗击新冠肺炎疫情表彰大会2020年9月8日在北京隆重举行,引起外国媒体广泛关注和报道。

屏显:

> 法新社报道称,中国已控制住疫情,在气势恢宏的人民大会堂隆重表彰在抗击新冠肺炎疫情斗争中作出杰出贡献的模范人物,正是因为他们经受住了考验,中国人民构筑起疫情防控的坚固防线。
>
> 美国"工人"网站发表题为《中国如何赢得抗疫胜利,这对世界意味着什么》的文章称,中国如何在很短时间内成功遏制住疫情?关键因素是效率、科学、协调、承诺、人民战争、合作以及有效的领导。文章认为,中国民众具有强烈的社会责任感。中国民众信任政府,不屈不挠,坚信"团结就是力量"。

5. 学生谈感想

6. 教师引导:读到这些文字,我的内心是沉重的,80年前斯诺笔下的那些中国人,他们意志坚韧、精神乐观、执着信仰、胸怀天下。当前,在百年未有之大变局和新冠肺炎疫情全球大流行叠加的时代,在中国共产党领导下的中国人民,正从这些经典的纪实作品中,汲取精神的营养和强有力的力量,从而获得人生的启迪。生逢最好的中国,做更好的中国人。

屏显:

> 行走真实的西部，遇见最亮的红星）

教学板书：

理解纪实作品中的真实性

体会纪实作品中的文学性

感悟纪实作品中的启迪性

五、课后学习

1. 用本堂课学到的方法，研读作品中其他章节，进一步体会纪实作品的特点。

2. 推荐阅读王树增《长征》，观看电视连续剧《红星照耀中国》。

您是天上最闪亮的星

——《红星照耀中国》活动展示课

【活动目标】

1. 以专题阅读的形式，介绍各组的读书报告。

2. 学习"读红色，探原因，悟精神"的方法，并在此基础上，结合时代背景，理解整本书的主题思想。

【活动重点】读红色，探原因，悟精神。

【课时安排】1课时

【活动过程】

一、抢答导入

1. 《红星照耀中国》一书中写道："在某种意义上讲，这次大迁移是历史上最大的一次流动的武装宣传。"文中的"大迁移"是指（中国工农红军二万五千里长征）。

2. 《红星照耀中国》一书以纪实性手法向西方国家大量介绍了红色中国以及红军长征的事迹，一度风靡全世界。2021 年是红军长征胜利（85 周年）。

3. 《红星照耀中国》一书中写道："冒险、探索、发现、勇气和胆怯、胜利和狂喜、艰难困苦、英勇牺牲、忠心耿耿，这些千千万万青年人的经久不衰的热情，始终如一的希望，令人惊诧的革命乐观情绪，像一把火焰，贯穿着这一切，他们无论在人力面前，或者在大自然面前，上帝面前，死亡面前，都绝不承认失败。"这是斯诺对哪一事件的评价（中国工农红军二万五千里长征）。

4. 《红星照耀中国》一书中写道："在西安进行的这场军事政变时机抓得很好，执行得也十分利落……使中国最终站到了即将来临的世界反法西斯斗争一边。"斯诺所说的"这场军事政变"是指（西安事变）。

二、举行读书汇报会

根据预先分组分配阅读专题，学生选派组长作发言：

1. 我最喜欢（敬佩）的红军。

2. 我心中的长征。

3. 我所了解的苏维埃。

4. 要求以斯诺的口吻讲述难忘的西北之旅。

5. 报告文学的魅力——以《红星照耀中国》为例。

6. 我所了解的埃德加·斯诺。

课前各小组交流，组员依次发言；选出各组代表上台发言，教师点拨，总结。

三、布置作业

1. 写一篇读后感。

要求：选择自己感受最深的、最有话可说的一个点，可以是红军中的一个人，一个故事，或者战争与生活的一个场景，或者共产党的战略、战术，作为读后感的切入口。

2. （任选其一）

（1）阅读《长征：前所未闻的故事》（作者：【美】哈里森·索尔兹伯里）。

（2）阅读《中国共产党人的第一个长征报告》（作者：陈云）。

长 征

——王树增

红色记忆　绿色精神

一、作品介绍

【名著档案】

> 书名：《长征》　　　　　　体裁：纪实文学（共18章）
> 作者：王树增　　　　　　　成书时间：2006年
> 关键词：长征　中国共产党的成熟　贫苦与痛苦　意志与信念　奇迹
> 地位：第一部荣获国家级三大图书奖项的优质读物。

【作者简介】

王树增，1952年生于北京，中共党员，少将军衔，国家一级作家，全军艺术委员会委员，获政府特殊津贴。为写好该书，作者翻阅了数千万的资料，仅笔记就有两百多万字。

【文学地位】

2006年长征胜利70周年之际，王树增的"非虚构战争文学"《长征》横空出世，成为长征文学史上的新标杆。它用总体性的宏观视角观照历史事件，力图揭示隐藏在表象下的历史本质、规律和运行趋势。

红军长征作为世界历史上鲜有其匹的伟大壮举、勾连过去与未来的蕴涵丰厚的历史事件，尚有许多值得深入开掘的内涵和细节，还可以产生更具思想深度、更有艺术价值的新的"红色经典"。

【内容简介】

（一）主旨概述

1934年10月，红军第五次"反围剿"失败，不得已进行战略转移。《长征》详细展现了自1931年11月中共在江西瑞金建立苏维埃政府到1936年11月23日中国工农红军第一、第二、第四方面军会师，红军长征顺利结束的一段历史。作者在文中罗列了众多历史材料，记录了很多鲜为人知的事实，深入挖掘了长征历史中的细节，对青少年了解长征、了解中国共产党有重要的作用。

（二）内容速览

从红军一支部队的突围和为寻找新的根据地的惨烈战斗开始记叙，讲述了负载着无数辎重的十万大军和无数老幼妇女一路长征的故事。他们的翻山越岭，一路战争一路迷茫，一路生死一路希望，表现了红军大规模军事转移过程中充满的艰辛与艰难。《长征》以中央红军大规模军事转移活动为主要线索，这些活动构成长征的重要部分，展示红军坚定的信念和前仆后继。

【阅读价值】

1. 红色经典

对曾经发生在历史进程中关乎民族、社会和民众命运的重大的人与事有高度的敏锐性，能够对这些人与事作出作家自己的具有创见的评判，并用具备文学品质的表述风格，鲜明而具有责任感地对人物和事件与读者一起作出饶有趣味的、富于思辨意义的解读。

此意义下生发的"红色"意象，如毛泽东诗词、长征路线、红色遗迹等成为爱国主义教育的一大载体。

2. 文学笔法

深厚的文学功底使其作品脱胎于小说，比一般的报告文学语言更具弹性张力，更加生动鲜活，更显精巧细腻。书中处处可见小说技巧的熟练运用，显得独具匠心和别样诗意。

3. 历史资料

一个路标：一条追寻红色精神的路线。

一路遗迹：一路留下各种会议遗迹、故事场所。

一些人物：一系列的人物群，如领袖人物、战士等。

一种精神：长征精神（毅力、坚持、奇迹等）。

二、实施要求

【设计理念】

遵循整本书阅读的原则，在不破坏学生原有"长征"常识的基础上抓几个"点"指导"浅读深出"，感受写作风格及人物形象；又因为《长征》一书篇幅长，时间点频见，人物众多，事件错杂，细节繁多，兼之纪实性的历史文学远离学生的生活实际，因此"避实就虚"引导"虚读实出"，解读长征精神。

【整体框架】

《长征》教学流程设计大致如下：

1. 教师制定"篇章阅读指导"任务引导学生通读全书，在阅读指导任务单引导下完成作品内容熟悉。

2. 围绕"故事·细节""人物·形象""细节·精神"三条线进行导读熟知、精读感悟与自读交流三课时的指导设计。

3. 以活动课的形式把握作品主旨，引导红色文学下助推绿色人格要素的养成。

三、导读攻略

阅读篇目	阅读时间	关键词（教师提炼）	情节概述（学生阅读笔录）[参考]	评价主题词
01-《突出重围》0934.10·贵州甘溪	第1天	甘溪之战	起笔江西瑞金突围，详细记录了"甘溪之战"和第七军团进攻福州的惨烈伤亡事件	阻碍失误信心
02-《绚丽之梦》1931.11·江西瑞金	第2-3天	决定长征	回顾中国共产党成立的历史：与国民党决裂，武装起义，井冈山会师，组建中国共产党的主力部队——中国工农红军第一方面军；三次粉碎蒋介石的"围剿"，成立上海临时中央政治局；在博古和李德的错误指挥下，第五次"反围剿"失败，红军决定长征	萧条温情反对
03-《十送红军》1934.10·江西瑞金	第4-5天	被迫转移	介绍红军长征之前的各项准备、党内矛盾及留守瑞金坚持斗争的"中央分局"	悲剧
04-《路在何方》1934.10·粤北与湘南	第5-6天	突破防线	长征面临蒋介石设置的包围中央苏区的防线。红军与粤军首领陈济棠秘密会晤并签订五项协议从而顺利前进，直面潇水和湘江，并占领渡江要地宜章县城。九峰山阻击战结束了红军与粤军的对峙。蒋介石重新部署"追剿"计划，防止朱毛红军北上与贺龙、萧克会合	艰苦
05-《山河苍茫》1934.11·湘西皖南豫西	第7-8天	志敏被害	记录第二、第六兵团，红十兵团以及红二十五军三个军团对红军主力部队撤退的配合作战：占领永顺、桃源和慈利县城，牵制湖南境内国民党军队；伏击国民党军队，方志敏遇害；突破国民党军队的重重阻击之后，进入了伏牛山	民心

续表

阅读篇目	阅读时间	关键词（教师提炼）	情节概述（学生阅读笔录）[参考]	评价主题词
06-《橘子红了》1934.11·湘南	第9天	渡过湘江	红军主力部队开进道县，道县百姓自发协助红军战斗，建立新的革命根据地。1934年11月28日，朱德发出渡过湘江的战斗命令	激情自信
07-《血漫湘江》1934.11·湘西皖南豫西	第10天	对阵湘军	红军渡湘江一役，中国工农红军遭受到前所未有的重创。1934年10月28日，红军开始渡江。中央红军对阵桂军主力，红一军团对阵湘军	革命鲜血
08-《恭贺新年》1935.01·乌江	第11天	渡过乌江	红军强渡乌江，架设浮桥。红军战士新年的第一天迎着敌人的火力跳入寒冷狂怒的乌江进行侦查。1935年1月3日，红军渡过乌江	英勇新生
09-《夜郎之夜》1935.01·遵义	第12-13天	占领遵义 渡过赤水	1935年1月7日，中央红军占领遵义，在遵义建立县革命委员队并召开政治局扩大会议。毛泽东被选为中央政治局常委，开始了他领导中国革命的伟大历程	抉择
10-《残阳如血》1935.02·娄山关	第14-15天	"牵牛宰猪"	1935年春2月28日，红军二渡赤水河，毛泽东制定了"牵牛宰猪"的作战策略，即引诱牵制川军，集中主力攻打义，大刀阔斧地宰杀黔军这头肥羊。天山关之战付出巨大牺牲，红军面临着腹背受敌的危险	浴血
11-《巴山蜀水》1935.03·川北湘西陕西	第16-17天	渡越嘉陵江	中央红军四渡赤水遭到蒋介石的重点围剿，但第四方面军强渡嘉陵江，红二、红六军团在湖南、湖北的荒山中游移。红二十五军在官兵皆食不果腹的条件下灵活作战，在战争中不断壮大队伍	残酷真挚
12-《金沙水畔》1935.05·金沙江	第18-19天	渡过金沙江	中央红军一路向西进入云南决定抢渡金沙江，毛泽东做了具体的战略部署，红一、红三军团抢夺皎平渡口。红一军团二师佯攻昆明，诱敌追击，掩护中央部队渡江	惨烈

续表

阅读篇目	阅读时间	关键词（教师提炼）	情节概述（学生阅读笔录）[参考]	评价主题词
13-《喜极之泪》1935.06·四川达维	第20-21天	飞夺泸定桥翻越大雪山	中央红军进入四川，抢占大渡河口，夺取大渡河上泸定桥。红一军团与川军再次狭路相逢，红军胜利夺桥。红军越过二郎山突破川军阻击，翻越大雪山夹金山。1935年6月12日，在夹金山北麓的达维镇，中央红军与红四方面军会合	艰难险阻
14-《黑暗时刻》1935.08·松潘草地	第22-23天	越松潘草原	中央红军与红四方面军的会合引发了新的危机：张国焘主张南下四川，毛泽东主张北上陕甘。张国焘拉拢中央红军中高层官员，红军北上翻越松潘大草地，张国焘则拒绝带领红四方面军北上	意志牺牲
15-《北斗高悬》1935.09·陕南甘南	第24-25天	继续北上	红二十五军在陕南进行运动战，袭击陕南县城，在平凉遭遇了国民党伏击。中央红军继续北上，经腊子口进入甘肃	卓绝同乐
16-《天高云淡》1935.10·陕北川西	第26-27天	军旗漫卷	1935年9月，毛泽东率领红军翻过六盘山。毛泽东作词《清平乐·六盘山》赞誉	追堵
17-《北上北上》1936.07·四川甘孜	第28-29天	甘孜会合	中央红军与陕甘苏区会合后，红二、红六兵团两万官兵向贵州转移。1935年12月17日，中共中央在陕北召开"瓦窑堡会议"，会议提出抗日和红军军事战略问题。1936年7月1日，红二、红六兵团与红四方面军在四川甘孜会合	会合
18-《江山多娇》1936.10·甘肃会宁	第30天	国共合作	红二、红六与红四方面军会合，向陕甘宁苏区进发。周恩来与张学良就抗日问题交换了意见，中国共产党和国民党合作抗日指日可待	抗日

两万五千里
——《长征》导读课

【导读目标】

1. 借助"阅读任务单"熟悉作品内容。

2. 引导学生陈述初读感受,引导以关键词形式点评内容。

【导读重点】熟知作品内容及初步感知作品故事主题。

【课时安排】2课时(1课时教师引导阅读作品;1课时在学生阅读的基础上唤醒作品要素。)

【导读过程】

【第一课时】

(教师引导)

一、"长征"初印象

1. 听"长征"印象。

导入:中国有两大奇迹,一是建筑——万里长城;一是行走——万里长征。

虽然我们未曾亲身经历,但从爷辈父辈的嘴里,从红色作品里,从"重走长征路"活动中或多或少对"长征"有一定的自我感受与评判,能否以关键词的形式与同学分享你的感受?

分享:学生交流表达,教师引导——

总结:在我们的意识里长征是艰苦的,这些人在物质极度贫乏,环境极度恶劣,处境极度危险的情况下凭借顽强的意志、坚韧的毅力和不屈不挠的革命精神走出了一部中国人的精神史诗,不得不令人佩服。

2. 感"长征"实况。

教师出示:

> 据统计，中央红军长征从 1934 年 10 月至 1935 年 10 月，历时 13 个月零 2 天，纵横 11 个省份，长驱 25000 里，途中总共爬过 18 座山脉（其中五座终年积雪，雪山行程共 2700 里），走过人迹罕至的茫茫草地（草地行程共 600 里），渡过 24 条河流，打过大小战斗 300 多次；红二方面军长征从 1935 年 11 月至 1936 年 10 月，历时 11 个月，转战九省，行程 16000 里，进行大小战斗 110 次；红四方面军长征由 1935 年 5 月至 1936 年 10 月，历时长达 18 个月，转战数省，行程 8000 余里，进行过大小战斗千百次。

思考：这些数据说明了什么？

（历时久，地域广，人员众，战斗烈，物质差，环境恶，精神强……）

引导：阅读是了解历史最真实最直接的方法，让我们走进《长征》，一起去做一次精神之旅！

二、"长征"初读

1. 了解作家作品

导入：埃德加·斯诺在《红星照耀中国》中曾经写道："总有一天会有人写出一部这一惊心动魄的远征的全部史诗。"这位美国作家对于红军长征的史诗价值及产生艺术精品可能性的判断，预报了长征文学的辉煌未来。

作家简介：（见"名著档案"）

2. 长征文学发展

永恒的红色经典（毛泽东的长征诗词）——珍贵的历史记录（陈云与《随军西行见闻录》）——史诗性的长篇巨制（魏巍与《地球的红飘带》）——非虚构战争文学的新标杆（王树增与《长征》）

3. 阅读要求与任务

阅读时间：30 天

阅读任务：根据任务单要求，填写"情节概述"和"评价"内容。

阅读分享：以组（18 组）为单位各认领一个章节作精读，并在导读课上以 PPT 的形式分享作品。

要求：章节内容简要概述、感人细节描述、章节主题/细节感悟、写作风格陈述（选做）。

【第二课时】

三、作品分享

1. 合作学习（5 分钟）

以小组为单位,借助"阅读任务单"梳理分享内容,作"作品分享"准备。

2. 小组分享(PPT)

3. 学生记录

四、分享汇总

挑选出大家认可或感兴趣的章节和细节精读,挑选最有思辨的评价书写。

五、作业布置

请以"长征精神"为主题,写一篇演讲稿,不少于500字,表达你对"长征"二字的理解。

红文化　绿精神
——《长征》研读课

【研读目标】

1. 解读相关作品,深入感受"红色文化"意蕴。
2. 细读长征人物群像,分析人物形象,感受人物精神。
3. 探究作品主题,形成健康的人格品质。

【研读重点】作品精神解读,培养学生健康的绿色人格文化。

【课时安排】1课时

【研读过程】

一、导入(PPT)

> ### 七律·长征
> #### 毛泽东
>
> 红军不怕远征难,万水千山只等闲。五岭逶迤腾细浪,乌蒙磅礴走泥丸。
> 金沙水拍云崖暖,大渡桥横铁索寒。更喜岷山千里雪,三军过后尽开颜。

师:毛泽东的《长征》耳熟能详,道尽这条红色道路的千难万险,让我们带着同样的自豪感在朗读声里开启我们的"红色之旅"!

二、红色事件

(一)诵读诗歌,忆红事

1. 学生诵读诗歌,思考:诗歌中写到了长征路上哪些具体的事件?

学生交流，明确：巧渡金沙江、强渡大渡河、飞夺泸定桥、翻越大雪山四大历史事件。

2. 追问：完成这些任务困难重重，红军以牺牲的代价换取了革命的胜利，你能从中感受到他们怎样的精神力量？

明确：在极端困难的条件下，共产党人以革命乐观主义精神对待长征。

3. 总结：正是这种乐观谨慎才谱写了长征路上可歌可泣的红色事件，开启记忆的闸门，我们一起来回顾。

4. 最强大脑：长征知多少

（1）请说出几个中央红军长征中的主要事件。

（2）1934年11月中央红军长征途中损失最大的一场血战是哪一次战役？请结合文本具体解说。

（3）请说一两件红军长征途中的感人故事。

学生现场抢答，明确：

（1）①遵义会议，确立了毛泽东对党和军队的领导权。

②四渡赤水河打乱了敌人的追剿计划。

③巧渡金沙江，红军跳出了敌人的包围圈。

④强渡大渡河，飞夺泸定桥。

⑤爬雪山，过草地。

⑥1935年10月，到达陕北与刘志丹领导的陕北红军胜利会师。

（2）湘江失败，或者叫湘江战役。

湘江战役在国民党方面称作全州战役，是关系中央红军生死存亡的一战。1934年11月27日至12月1日，中央红军在湘江上游广西境内的兴安县、全州县、灌阳县，与国民党军苦战五昼夜，最终从全州、兴安之间强渡湘江，突破了国民党军的第四道封锁线，粉碎了蒋介石围歼中央红军于湘江以东的企图。但是，中央红军也为此付出了极为惨重的代价。部队指战员和中央机关人员由长征出发时的8万多人锐减至3万余人。

（3）例：长征途中，有位女战士小董，才13岁。爬雪山是每人发一个辣椒，怕冷的人就嚼一口。小董怕辣，没带辣椒。小董刚爬到半山腰，就冷得瑟瑟发抖。队员一直喊："同志们千万别坐下，坐下就起不来啦。"到了山腰，小董实在又冷又累，但还是坚持着，终于到了山顶，小董看队员们都滚了下去，一滚就是几十丈，她也一屁股坐了下去，一滚，一百多丈。终于成功地翻越了一座又一座的雪山。

(二) 赏析文段，找红人

过渡：长征路上的艰难远非我们所能想象，但有一群充满红色元素的人，困难就会给他们让路，让我们去找一找这些红色的正能量。

1. 阅读语段，给文段作批注，你看到了他们身上怎样的红色能量。

（一）

黄欣用绑腿带把奄奄一息的政委绑在自己背上，顺着一条一人深的水沟往山下爬，在黑暗中过了一条小河后钻进密林中。黄欣背着他的政委走了三天三夜，第四天黎明时分，他听见了熟悉的军号声，看见了熟悉的红旗，那是五十团的队伍！五十团团长郭鹏见到整个人已面目全非的黄欣很是吃惊，说"你这个小鬼还活着"！再看见黄欣背着的方理明政委，不禁潸然泪下。

九死一生的小红军黄欣没能高兴多久，因为他很快就听说龙云师长受伤被俘后被押往长沙，不久这位年轻的红军师长遭湖南军阀何键杀害。

第六军团那个名叫张吉兰的女战士没有黄欣幸运。在一次战后掩埋战友尸体的时候，她在尸体堆里发现一张熟悉的脸庞，那是她的丈夫。张吉兰把丈夫满是血污的脸擦干净，把他们夫妻平时最珍爱的一把牙刷放进丈夫的口袋里，然后把丈夫埋葬了。张吉兰因为悲伤和生病身体极度虚弱，五十团的政治部主任把自己的马给了她，瘦弱得如同秋风中的一片落叶的张吉兰在马背上说："广西人都说猴子会骑马，我像不像呢？"几天后，她连趴在马背上的力气也没有了。她被留下来。不久后，当张吉兰觉得又有力气走路的时候，她决定去追自己的队伍。可是队伍在哪里呢？张吉兰得出的结论是：追击红军的敌人到了哪里，自己的队伍肯定就在哪里。在一个山洞里，她把自己的头发剪光，装成男人报名加入国民党军。她跟随敌人的队伍在大山中转来转去，终于有一天接近了红军，而且距离如此之近，她几乎可以看见隐约闪现在灌木丛中的那些虽然褪了色但依旧夺目的红色五角星。张吉兰立刻抱着枪向红军阵地跑去。她扑进一条河，拼命地向对岸游，就在她感到可以回到久已未见的战友们的温暖怀抱时，身后的枪声响了。张吉兰想喊一句什么，但没有喊出来，她挣扎了一下便从河面上消失了，消失在一个血红色的漩涡里。

【参考】神态和语言描写，表现了郭鹏对九死一生的二人的钦佩之情；插叙，为读者讲述了一个多么悲怆的故事，也表现了红军战士坚定的革命信仰。

（二）

　　一九三四年十月十八日下午五时，毛泽东来到于都县城北门与军委的队伍会合。毛泽东的随身物品不多，只有一袋书、一把雨伞、两条毯子和一块旧油布。他甩着胳膊顺着于都河岸走着，已经有些凉意的秋风吹着他的长发。毛泽东很清楚，此一去，包括博古和李德在内，谁都无法预料中华苏维埃共和国和中国工农红军将要走向哪里。现在要紧的问题是，国民党军的飞机最好晚一些发现这支逶迤如长龙的队伍——那一天，走在于都河边的毛泽东并不知道，人类历史上一次惊心动魄的军事远征就要开始了，踏上征程的每一个红军都将成为一部前所未有的英雄史诗的主人公，不管他是新入伍的战士还是拥有军事指挥权的领导者。仿佛是为了证实这一点，在那个秋天的黄昏，毛泽东的身影很快就淹没在渡河的人流里，他匆忙的脚步声和上万红军官兵的脚步声混杂在一起瞬间便融入到夜色里。

　　月亮升起来了，又大又圆。

　　【参考】以乐景写哀情，月亮那么圆，人却要分离，其中蕴含着多少眷恋与不舍啊。

（三）

　　敌人的大军夹击而来，残酷的战斗不可避免。第三十二军在成县阻击王钧部。敌军火力强劲，阻击阵地很快告急。第四师十二团和第六师十八团奉命增援，两个团到达战场即投入了战斗。十八团在团长成本新的带领下向敌人发起反冲击，敌人的炮火十分密集，在十八团的冲击道路上打出一片火海。十八团新任政委周盛宏被爆炸的气浪抛出去一丈多远而阵亡，团长成本新再次负伤。敌人越打越多，从红军的阵地上看下去密密麻麻的，十八团的伤亡越来越大。最后时刻是已经分不清敌我的肉搏战。十二团的阵地上战斗同样惨烈，政委杨秀山又一次负伤，敌人的子弹打中了他的臀部。一营营长蔡久背起他就跑，跑下阵地后，杨秀山发现身上挎着的挎包又被子弹打了个洞，里面的两本书也被打穿了，这两本书是他最喜欢的，一本是《苏联红军步兵战斗条令》，另一本是《列宁主义概论》。前一本是一九三六年一月牺牲在湖南便水战斗中的师参谋长金承忠留下的遗物，后一本是已经身负重伤的师政委方理明送给他的新年礼物。

【参考】

1. 生动的细节描写，真实地再现了战斗的残酷，体现了红军官兵浴血奋战的坚忍与执着。

2. 学生批注语段，交流人物形象。

3. 教师总结：这些人不论领袖将领，还是平凡士兵，他们都有视死如归的英雄气概，都有对革命的信仰，都展示人性身上的美好品质：坚韧、乐观、自信、真诚、血肉丰满，他们是真正的时代英雄。

三、红色叙述

作为纪实文学作品，《长征》的饱满、厚重、震撼人心，在很大程度上来自真实这种严谨认真的写作方式。作者认为："非虚构写作，要求创作者即使在细节上也不能虚构，一切都是从档案、史料、采访、勘查中推演出来。"为此，他搜集并披露了大量资料，采访了许多红军老战士，还进行了实地调查，"如果史料不能够查清楚，我宁可不写"。

张扬灵动而不失真实的描写使作品充满了张力——

（PPT出示——）

全书的结尾，只写了一个名叫朱家胜的掉队炊事员，在黎明时分独自挑着牺牲了的战友的东西赶到了陕北根据地，红军战友迎上来接过担子，往他手里塞了个热乎乎的芋头，一个干部还拿出针线包为他缝补那件破衣服，作者这样写道："那是他自一九三四年十二月离开根据地就一直穿在身上的一件单衣。天边那片朦胧的亮色逐渐扩大，苍茫的河山骤然映入红军战士朱家胜流着泪的双眼——雪后初晴的黄土高原晨光满天，积雪覆盖下的万千沟壑从遥远的天边绵延起伏蜿蜒而来……"这种结尾可谓精彩而别致，以"四两拨千斤"的技法给读者带来强烈的感情冲击。

四、板书设计

长　征

红色文学——绿色精神

五、作业留白

阅读有关领袖的片段，给人物建立档案；

以小组为单位，完善任务单上的"主题评价"，开展有关"长征精神"活动课。

追寻红色光芒

——《长征》活动展示课

【活动目标】

1. 以讲解员的身份为"红色纪念馆"开馆作解说，再次提炼作品内容。

2. 通过栏目活动设置，进一步感受长征精神。

【活动重点】红色元素解读。

【活动过程】

导入：欢迎来到"长征"红色纪念馆，本期开馆时间为期一天，我将带各位进入三个不同的展厅，让大家重温历史的硝烟，感受世界奇迹：中国红军万里长征！

一、红色文化厅：长征诗词荟萃

1. 小组朗诵诗歌

A. 忆秦娥·娄山关

西风烈，长空雁叫霜晨月。霜晨月，马蹄声碎，喇叭声咽。

雄关漫道真如铁，而今迈步从头越。从头越，苍山如海，残阳如血。

B. 清平乐·六盘山

天高云淡，望断南飞雁。不到长城非好汉，屈指行程二万。

六盘山上高峰，红旗漫卷西风。今日长缨在手，何时缚住苍龙？

2. 小组成员赏析诗歌

【参考】

A. 本词写于娄山关激战之后，以娄山关之战为题材，虽然写的是翻越娄山关的行军情景，写的是胜利后的所见所闻所感，但运用的是高度综合法、侧面描写法，把两天的战斗历程浓缩为一天，通过严肃、紧张的行军气氛，透露出激战的先兆，通过猛烈的西风声、凄厉的雁叫声、细碎急促的马蹄声和时断时续、悲咽滞涩的喇叭声，暗示战斗紧张激烈，通过描写海涛般起伏的苍山、如鲜血般殷红的残阳，借以表现浴血奋战、英勇牺牲的激战情景。

综观全词，上阕写景，下阕抒情，景中含情，情中又有景，情景一体，水乳交融，体现了毛泽东作为诗人的才情和技巧。全词只写了中央红军的一次战斗，却是对红军长征这一重大历史事件的真实折射。通篇只有四十六个字，篇幅虽短，但雄奇悲壮，气势如虹，寥寥数笔，"分量"很重，像一幅出自大师手笔的简笔画，笔简而意无穷，勾勒出一幅雄浑壮阔的冬夜行军图，表现了作者面对失利和困难从容不迫的气度和胸怀。

B. "天高云淡，望断南飞雁。"这两句词看似写景，实则寄寓了诗人无限的情怀，既有登高望远吞吐山河的豪迈，又有追随大雁，遥想战友、亲人的柔情。"不到长城非好汉，屈指行程二万"，"长城"指抗日前线，红军以大无畏的革命精神战胜一切艰难险阻，向陕北根据地，向抗日前线进军，掐指算来，红军北上的行程竟有二万多里。在当时的形势下，不奔赴抗日前线，不到长城，算什么英雄好汉？"屈指行程二万"是回顾长征的光辉历程，在过去的一年中，红军既要与雪山草地、激流险滩、严寒酷暑等恶劣的自然环境抗争，又要与一路上围追堵截的敌人周旋、战斗，在常人难以想象的艰难困苦中完成了震惊世界的二万五千里长征，然而诗人仅用了"屈指"二字，于轻描淡写中流露出红军对漫漫险途等闲视之的英雄气概。

"六盘山上高峰，红旗漫卷西风。"如火的红旗，飘扬在高高的六盘山顶，烘托出红军将士的胜利喜悦。"今日长缨在手，何时缚住苍龙？"这两句是全词的主旨所在：凭中国工农红军保存着的有生力量，一定会打倒蒋介石的反动政权。在这样大好的形势下，虽然这时红军已从三十万人减少到不足三万人，但由于路线正确，数量上暂时减少了，质量上却比过去更强大了。这两句词不但是将革命进行到底的誓言，而且也是作者对依靠革命力量推翻反动势力的前景展望，表现了高度的革命浪漫主义精神。

3. 小组将诗歌整理成册。

二、人物群廊厅：伟人情怀

1. 小组出示伟人画报，向参观者解说伟人事迹。

人物	主要活动	性格特征
毛泽东	红军北上陕甘宁的提出者；主张北上；危急关头挽救革命	信念坚定；深谋远虑；乐观风趣；天赋异才
周恩来	领导长征，主张正确路线；遏制博古的错误指挥；开辟国共合作	温文尔雅；鞠躬尽瘁；信念坚定
朱德	指挥作战；成功会师	忠厚英勇；平易近人；艰苦朴素

2. 为伟人写挽联。

3. 设计"凡人赞歌"：给牺牲的英勇战士们画像（要求：画像中要有故事情节动作）。

三、红色元素：长征精神

1. 献寄语。

以"两万五千里长征，事/人让我懂得了……"引导从"坚强""乐观""勇敢""智慧""吃苦耐劳"等角度评述作品内涵。

2. 个别学生演讲：《我的"长征"》

飞向太空港

——李鸣生

一、作品介绍

《飞向太空港》叙述了中国"长征三号"火箭首次发射外国卫星（美国"亚洲一号"）的故事。书中既有中美专家在大山沟里携手合作的亲密与友情，也有东西方两种文明在发射场上的碰撞与冲突。这是我国第一次发射国外商业卫星，它的成功震撼了世界，在国内外引起了强烈的反响，是中国在国际航天业竞争中的重大胜利，开启了中国航天迈出国门，走向世界的新征程。本书打破了中国几十年来书写"空间文明"的传统，被称为中国"航天文学"的开山之作。

作为一部优秀的报告文学，该书以实地采访获得的第一手资料为支撑，以历史的笔法勾勒概貌，烘托背景。引用了时事新闻、书信、访谈录等资料，全景式地描绘了此次卫星发射的全过程。例如作为序章的"本文参考消息"，寥寥几则新闻简讯，便勾勒了当时世界的航天形势和"亚洲一号"的发射大背景，为全文奠定了悲怆的基调。

同时，该书又以精妙的文学手法讲述故事，塑造人物，刻画了一群默默耕耘奉献的航天人形象。在书中，科学家们随着"亚洲一号"的发射过程陆续出场，用他们那令人感动、令人唏嘘、令人敬仰的故事塑造了中国航天人的形象。如胡世祥，在火箭发射的最后十二秒里发现意外现象，但他凭借几十年的经验、科学的推断、天才的智慧和超人的胆略，毅然下达"点火"的命令。实践证明了他决断的正确性，再如"不唯书，不唯洋，不唯上"的任新民；爱笑、能说善讲的谢光选。

爱国主义是《飞向太空港》的基调，作品"大写"了航天人高度的民族责任感和使命感，赞扬了他们为祖国航天事业的腾飞而奋斗的辉煌业绩和崇高精神。但它的主题并未局限于此，同时这还是一部中华民族从传统走向现代、从国内走向世界的历史，是中华民族与世界融合的历史。作者从区域文明到地球文明，再从地球文明到宇宙文明。如作品的第五章《我们都是地球人》、第六章《跨越国界的飞行》以及尾声《走向新大陆》,都寄托了作者的美好愿望:开拓天疆,走向宇宙。正如作者自己所言:"经地球数十亿年进化过的人类,大踏步走进的,必将是一个远比地球更加美好的大同世界!"

二、实施要求

(一) 紧扣文体特征,展开具体教学

报告文学,是一种在真人真事基础上,塑造艺术形象,以文学手段及时反映现实生活的文学体裁。它具有新闻性和文学性的特点,是介于新闻通讯与短篇小说之间的一种独立文体。所以,报告文学首先必须遵循新闻真实性的原则,"用事实说话"。

《飞向太空港》是一部优秀的报告文学作品,因此我们的课程首先应着眼于其"用事实说话"的基本原则。例如,在名著导读课过程中,就应紧紧围绕"真实性"展开教学。我们可以从作者引用的"真实性"材料入手。

1. 新闻材料。导读课所选取的第一则阅读材料,便是新闻。在把握"真实性"这一关键词的过程中,我们便可以结合新闻的文体特征,对报告文学的文体进行学习。

2. 书信材料。本课所要求大家关注的第二则材料,是作者直接引用的书信材料。可以引导学生在品读国家科委主任宋健与航天部的两封书信中,了解当时国内外的航天业概况,引导学生理解"飞天梦"早已不仅仅是作者自己的梦,更是一个中国梦。中国已经具备了走向世界的实力与决心。

3. 访谈材料。第三则材料是作者采访三个美国人时,记录下来的对话。他们围绕中美双方第一次合作,展开对话。教师可以引导学生通过该对话,对作品所呈现的"梦想",有一个更深入的了解,让学生在理解"中国梦"的基础上,进而理解"世界梦"。

(二) 循序渐进,方法指导

《飞向太空港》是记录人与事真实情况的作品,阅读过程中,最基本的是要引导学生清楚地把握作品所写的事实,并对其阅读进行相应的方法指导。

1. 一"看"二"循"三"体悟"

一"看":要求学生先利用序言、目录、尾声等,迅速获得对作品的整体印象。如在导读课中,教师可以先设置一个问题:"作者李鸣生拥有一个什么梦想呢?"然后提示学生浏览书的序言、目录和尾声,从而获得对书本的整体印象。

二"循":顺藤摸瓜,从一个事实出发,通过梳理其前因后果、发展线索,对书本的重点内容进行理解与思考。如在《参考消息》的基础上,我们可以引导学生对该消息的前因后果进行探究,从而把握当时的大背景。

三"体悟"：把握作品中的"事实"之后，还要引导学生读明白作者想用事实说什么"话"，最终获得启迪，用来指导自己的学习与生活。

2. 精读与跳读相结合

跳读，是主动地舍弃、有意地忽略，以求更高的效率。跳读的目的是引导学生能获得对某一方面的整体感知。如在探究胡世祥这一人物形象时，便可以自然地指导学生使用跳读的阅读方法，要求学生梳理该人物的生平经历，绘制思维导图。

精读，指向细腻的感受、透彻的理解和广泛的联想。在研读课使用"聚焦式镜头"时，我们便可以选取书中描写得较为精彩的片段为对象，引导学生对其进行细读；在此基础上以小组合作的方式进行精思，探讨文字背后的含义。

（三）巧设具体情境，构建课堂结构

每一堂课都需要一个具体情境，都需要有一条较为明晰的主线。在此基础上，我们才可以构建更为新颖、完整的课堂结构，激发学生的学习兴趣。

1. 以"梦想"为主线

紧扣"梦想"一词，在学习方法的指导过程中，引导学生初步探究本书的主题。从"我的梦"到"中国梦"，再到"世界梦"，内容上层层递进，主题渐渐深入，引导学生对文本内容进行学习。

2. 以"镜头转换"为框架

"镜头转换"虽是电影中常用的方法，但在课堂构建中，同样有用武之地。在研读课的过程中，我们可以利用镜头的步步放大：从"聚焦式镜头"到"放大式镜头"，再到"全景式镜头"。引导学生从典型细节赏析，到人物形象赏析，进而构建人物群像的探究，从而理解航天精神的内涵。

3. 以"中美关系"为脉络

在名著交流课中，我们可以"中美关系"为脉络，展开具体教学。运用数学的各式符号，将课堂建构起来，从对立符号（"VS"）入手，引导学生通过表格，探究中美关系的矛盾点；再用加号（"+"），引导学生探究双方的矛盾是如何调节的；最后用乘号（"×"），引发学生的思考，二者的合作带来了怎样的效益，激发学生对全书主题的探究兴趣。

三、导读攻略

【阅读安排】

《飞向太空港》名著阅读课预计每周一节课（每周五上一节），共三节，所需时间为21天左右，按照课程的进度与要求，具体安排可参见下表：

时间		阅读进度	阅读任务
第1周	周一	序章、目录	1. 了解小说写作背景、大致内容及脉络。 2. 思考：作者的梦想是什么？这是一个怎样的梦想？
	周二	尾声	
	周三	第一章	1. 梳理能体现报告文学"真实性"特点的材料。 2. 任选2—3则材料进行赏析
	周四	第二章（四）（五）（六）	
	周五	第二章（七）（八）	
	周六	第二章（九）（十）	
	周日	第二章（十一）（十二）	
第2周	周一	第三章（十三）（十四）（十五）	1. 梳理卫星在前往中国西昌发射场途中遇到的困难。 2. 思考：途中遇到的人们有哪些令你印象深刻的表现？
	周二	第三章（十六）第四章（十七）	归纳航天人的形象特点
	周三	第四章（十八）（十九）	
	周四	第四章（二十）第六章（三十二）	
	周五	第六章（三十三）（三十四）	1. 为"胡世祥"画一幅思维导图。 2. 对其人物形象特点进行探究与归纳
	周六	第六章（三十五）（三十六）（三十七）	
	周日	第六章（三十八）（三十九）（四十）	
第3周	周一	第五章（二十一）（二十二）	通过表格，探究中美双方在相处中的矛盾点，并找出解决方案
	周二	第五章（二十三）（二十四）	
	周三	第五章（二十五）（二十六）	
	周四	第五章（二十七）（二十八）	
	周五	第五章（二十九）（三十）（三十一）	探究中美双方互相妥协的原因
	周六	附录《星空乡愁与航天文学》《壮哉！中国的航天画卷》	探究中美双方合作带来的影响
	周日	《建构民族记忆的史诗性文本》	

【阅读指导】

《飞向太空港》出现于人教版八年级上册教材第三单元中，为自主阅读推荐部分。该部分的阅读，应在第一单元"新闻"的学习基础上展开，要求学生把握纪实作品"用事实说话"的特点。阅读本书，要注意掌握以下阅读该类作品的一般方法：

1. 利用序言、目录、尾声等，迅速获得对作品的整体印象。

2. 边读边注意梳理作品中事实的前因后果、发展线索，学会追问。

3. 把握作品中的"事实"后，还要探究作者想用事实说什么"话"。

4. 阅读纪实作品，最终要从中获得启迪。

本书的阅读可分为如下三个阶段：

第一阶段：

1. 目标：能抓住报告文学"用事实说话"这一基本特征，并循序渐进，运用相应的方法阅读报告文学，初步探究文本关于"梦想"的主题。

2. 方法：能在一"看"二"循"三"体悟"的阅读过程中，运用跳读与精读相结合的方法进行阅读。

3. 任务：

（1）了解报告文学的文体特征。

（2）了解小说写作背景、大致内容及脉络。

（3）思考：作者的梦想是什么？这是一个怎样的梦想？

（4）在报告文学"真实性"的基础上，填写下表：

报告文学"真实性"探究		
"真实性"	内容摘录	赏析
新闻材料		

第二阶段

1. 目标：能赏析以胡世祥为首的众航天人形象特点；能探究"航天精神"的内涵。

2. 方法：精读为主。

3. 任务：

（1）为"胡世祥"画一幅思维导图。

（2）在思维导图的基础上，探究胡世祥的人物形象特点。

（3）对比文中出现的各航天人的形象特点，填写下表：

人物	异	同
胡世祥		

续表

人物	异	同
任新民		
谢光选		
王一任		
……		

第三阶段

1. 目标：能梳理中美双方的关系，并对本书的主题进行探究。

2. 方法：精读为主，跳读为辅。

3. 任务：

（1）绘制中美双方关系的思维导图。

（2）思考中美双方合作成功的原因。

4. 拓展阅读：

阅读李鸣生的《中国长征三号》《澳星风险发射》，对比三者的异同点；并说说你从中获得了怎样的启发。

回望：梦想之辉煌

——《飞向太空港》导读课

【导读目标】

1. 能运用相应的读书方法阅读报告文学作品。

2. 能理解"用事实说话"是报告文学作品的基本特点之一。

3. 能体会作者寄予其中的"梦想"。

【导读重点】运用相应的方法阅读报告文学作品。

【导读难点】体会作者寄予其中的梦想。

【导读过程】

一、梦想之辉煌——激趣导入

同学们，古往今来，"梦想"一词总是令人热血沸腾。有人说，《飞向太空港》是一部关于梦想的作品。今天，就让我们一起走进这个梦想，体会这一梦想之辉煌！

二、初探"我的梦"——整体印象

1. 作者李鸣生拥有一个什么梦想呢?快速浏览书的序言、目录和尾声,谈谈你的理解。

【答案预设】作者拥有一个"飞天梦"。"飞天梦"是作者序言的主题;在这本书的目录中,也十分明确地告诉我们这本书的内容:写的是中国"长征三号"火箭首次在西昌卫星发射场发射外国卫星——美国"亚洲一号"的故事。在书的尾声中,作者更加明确地诉说了梦想:探索宇宙,开拓空间。因而,作者的梦想是"飞天梦"。

2. 通过刚才的学习,我们发现序言、目录和尾声能够告诉我们那么多的信息。所以,当你拿到一部报告文学作品时,你要先怎么做?

【答案预设】先利用作品的序言、目录和尾声,获得对作品的整体印象。

三、细探"我的梦"——用事实说话

1. 那么,作者是如何将自己的梦想娓娓道来的?请同学们阅读以下的知识链接,思考:报告文学的特点是什么?

【知识链接】报告文学,是一种在真人真事基础上,塑造艺术形象,以文学手段及时反映现实生活的文学体裁。

【答案预设】用事实说话(真实性和艺术性)。

2. 真实性是报告文学作品这类纪实作品的基础,用事实说话是其最重要的特点之一。抓住报告文学这一文体特征,对《飞向太空港》一书进行学习至关重要。

请阅读以下片段,围绕文体特征,回答相应的问题。

【参考消息之一】
法国《世界报》消息:1990年2月22日,欧洲空间局"阿里亚娜-4"运载火箭,在法属圭亚那的库鲁发射场升空后不到两分钟爆炸。这枚火箭的爆炸,使它所载的价值4.3亿美元的两颗日本通信卫星毁于一旦。这是"阿里亚娜"火箭自1987年以来连续成功发射了17次后的第一次失败。航天公司发表公报说,这次失败是因两部发动机出现故障而引起火箭失去平衡,从而在动力压下导致爆炸。
【事实】
请根据书本相关内容,概括新闻所呈现的事实的前因后果。
【用事实说话】
作者想用该事实说什么"话"? 　　从中你得到了什么启迪?

【答案预设】

（1）"阿里亚娜"火箭是由欧洲空间局所研制而成的，是世界上唯一可与美国航天飞机抗衡的运载工具，已占领世界42%的商业卫星发射市场。法国打算利用日本人对它的信任，通过发射两颗日本通信卫星，来打开它在亚洲的航天市场，但不幸失败了，使人们对它的可靠性产生了怀疑。加之"阿里亚娜"公司为了补偿美元的贬值，又决定对新的国外发射用户大幅度提高发射价格，这就必然大大降低其威信和削弱其在国际市场的竞争能力。（《天时·地利·人和》）

（2）作者在新闻后直接阐明自己的见解，认为该事件使法国在国际卫星发射场上的声誉蒙上了一层阴影。为"长征三号"的发射提供反衬，也为这部作品奠定了悲怆的基调。

（3）"祸兮福所倚，福兮祸所伏"；要把握时机，奋起直追；机会是留给有准备的人……

3. 小结

真实性是报告文学的基础，用事实说话则是我们所必须学习的。结合前两步对"我的梦"的探究，你觉得应该如何阅读报告文学？

【答案预设】

（1）利用序言、目录、尾声等，迅速获得对作品的整体印象。

（2）边读边注意梳理作品中事实的前因后果、发展线索，学会追问。

（3）把握作品中的"事实"后，还要探究作者想用事实说什么"话"。

（4）从中获得启迪。

……

四、"中国梦"——学以致用

1. 报告文学的真实性，不仅体现在其大量地引用了新闻，它还引用了其余事实性材料，比如书信。接着，让我们一起学以致用，对书信这一事实性材料进行探究。

请阅读以下片段，以小组为单位，回答相关问题。

【书信】

● 这封来信说：

"利用'长征三号'运载火箭搞商业发射，把中国的航天技术打入国际市场，我们认为是完全可能的。

其理由是……"

● 在信的开头批道：

"我完全同意这个建议。希望你们为中国的火箭走向世界而努力奋斗！"

【事实】
　　请根据书本相关内容，概括书信所呈现的事实的前因后果。

【用事实说话】
　　(1) 作者想用该事实说什么"话"？
　　(2) 从中你得到了什么启迪？

【答案预设】
　　(1) 1984年4月8日，中国"长征三号"运载火箭在西昌，将中国的第一颗同步通信卫星送上了太空。中国人开始拥有自己的航天梦。因此，航天部给国家科委主任宋健送去了一封信，并得到了大力的支持。中国开始为中国空间技术走向世界而努力。
　　(2) 作者利用这两封信，说明了"飞天梦"早已不仅仅只是作者自己的梦，更是一个中国梦。中国已经具备了走向世界的实力与决心。
　　(3) 敢为人先；要有创造精神……
　　2. 小结：这不仅仅是"我的梦"，更是中国梦！

五、"世界梦"——总结升华

　　从"我的梦"到"中国梦"，作者用激昂的语言描述着梦想之辉煌。但仅到此为止吗？

　　快速浏览《酒吧：一个中国人与三个美国人的对话》，思考：这是一个怎样的梦？并阐述你的理由。

　　【答案预设】这还是一个世界梦。作者以访谈对话的形式，认识到西昌共同参与卫星发射的美国人：维克特、马克和弗洛里克。他们围绕中美双方第一次合作，展开对话，共同探讨这个世界梦。正如作者最后所说："随着现代科技文明的飞速发展，宇宙变得越来越小。今天，东方的太阳、西方的月亮——中国的火箭、美国的卫星，终于走到了一起。"正如全世界，正靠着科技的发展，走向一起。

六、作业

　　1. 必做：以"我的梦"为主题，写一篇随笔。
　　2. 选做：如果你对报告文学这一文体感兴趣的话，可参考以下文章与网站：
《论报告文学真实性的独立品格》（李秋林）
《李鸣生报告文学论》（丁晓原）
中国报告文学网：http://www.zgbgwx.com/

守望：道路之艰难

——《飞向太空港》研读课

【研读目标】

1. 能赏析胡世祥等重点人物的形象特点。
2. 能体会书中所传达的航天精神。

【研读重点】赏析胡世祥等重点人物的形象特点。

【研读难点】体会书中所传达的航天精神。

【研读过程】

一、重现镜头：激趣导入

同学们，梦想是辉煌的，但实现梦想的道路却是艰辛的。今天，就让我们一起，利用镜头，由细微到宏大，重现这条路上的点点滴滴。

二、"聚焦式镜头"：人物赏析

1. 将镜头聚焦到细微处，看看镜头下的人物是谁。

【镜头一】

12点30分，副总指挥（　　）风风火火地走进了会场。一进会场，他就忘不了开玩笑："老吴，现在可是万事俱备，只欠东风啦！我告诉你，军中无戏言，你今天要报不准，我就送你回老家种地去！"

【镜头二】

说来难以置信，不知靠着一种什么样的力量，十一层楼高的发射架，（　　）竟然只用了三分多钟，便一口气冲到了顶端。

刚打开的发射平台，又匆匆关闭了。

他站在发射架的顶端，长长地出了一口气。然后，他仰对苍天，挥动胳膊，竟忍不住扯着嗓门大声喊道："今晚我们一定要成功！一定要成功！"

【镜头三】

（　　）发现火箭突然冒烟时，每根头发全都竖了起来。打了大半辈子的火箭，临近发射只剩十二秒钟了，竟突然出现这种情况，这还是头一回！

……于是，当他的目光与沈荣骏以及其他几位老总的目光短暂的会视后，凭着一种科学的推断，同时也凭着几十年的发射经验，他一拍大腿，便大胆而果断地向01指挥员穆山下达了命令："点火！"

【答案预设】胡世祥

2. 这就是《飞向太空港》一书中最富于个性、最耐人寻味的人物形象之一。接着，就让我们一起细细地研读这三个镜头，以小组合作的方式，一起探究胡世祥这一人物形象。

小组合作

任务：（1）任选一个你印象最深刻的镜头，进行朗读。
（2）多角度对胡世祥这一人物形象进行赏析。（你可以从写作手法、修辞、词语、句式等角度进行赏析。）
（3）再次有感情地进行朗读。

要求：（1）以4—5人为一小组。
（2）每个人均要发表意见，小组成员要学会倾听，学会质疑。
（3）小组成员要合理分工：1人记录要点，1人发言，1人书写于黑板上，1或2人进行段落朗读。

【答案预设】胡世祥性格幽默风趣；有着丰富的经验、天才的智慧和超人的胆略；同时又表现出一种将一生光荣、自身性命孤注一掷的伟大的自我牺牲精神。灾难面前的牺牲精神和科学精神的完美结合，是这个形象的典型意义。

三、"放大式镜头"：人物群像

1. 纵向拉伸

这几个镜头，为我们展现了这样一个英雄人物胡世祥，那么我们将镜头放大，放大至其一生，再思考：这是一个怎样的人？

请以思维导图的方式，将胡世祥的一生经历画出来，并对其人生经历做一个总结。

【答案预设】

思维导图：在紧急气象会上，对气象专家老吴开玩笑——下决心发射——不顾个人安危，为保住火箭、卫星，爬发射架关闭发射平台——中止发射程序——在紧急关头与邱先生开玩笑——决定八十分钟准备发射——发现自己忘记刮胡子——临近发射只有二十秒时，发现火箭异常——大胆而果断地下令"点火"——发射成功

总结：既是一个普通的"人"，又是一个伟大的"航天人"，更是一个具有自我牺牲精神的伟大民族英雄。

2. 横向放大

我们将镜头放大，在胡世祥身边，在这个光荣的发射场地，还有一些与他一样，在航天路上艰难前行的航天人们。请任意选择一个令你印象最深刻的人物，并为其绘

制思维导图，进行赏析。

【答案预设】

任新民：平日讷讷少言，谦逊自处；开会时常居角落，必要时却能虎啸龙吟，有大才能、大决断、大气魄。

谢光选：总爱笑，笑声洪亮、爽快、潇洒，极富感染力；坚持自己的原则不动摇；能说善讲、逻辑性强。

王之任：第一个女火箭专家。工作极其认真负责，具有很强的上进心，为火箭事业付出一切，内心具有强大的力量。

……

四、"全景式镜头"：航天精神

1. 让我们再将镜头放大，放大到整个中国，整个世界。在这个全景式镜头中，在这条道路上艰难前行的除了航天人，还有谁？他们又有怎样的特点？

【答案预设】

外交家：如孙家栋，为了中国空间技术走向世界，在谈判桌上呕心沥血。

美籍华人：如施瓦兹先生，为了中国的火箭能够打入国际市场，周游列国，八方游说，最后获得了加拿大、澳大利亚等财团的资助，签订了中国发射外国卫星的第一个正式合同。

中国百姓：如在护送升降台时的沿途百姓，为护送的顺利进行，尽了自己的一份力量。一个白发苍苍的老太太，听说车队要路过场镇，一大早便煮了一篮子本要去赶场卖掉的鸡蛋，送给车队护送的人；一位曾经护送过红军的老大爷，为车队送水等。

……

2. 看了这一全景式镜头，你们觉得，航天精神的内涵是什么？

【答案预设】航天精神的内涵：不怕困难、坚持不懈、团结一致……

五、作业

1. 必做：以"聚焦式镜头"的方式，写一则随笔，字数不限。

2. 选做：阅读李鸣生的《发射将军》，对其中的人物描写方法进行梳理与归纳。

展望：前途之光明

——《飞向太空港》阅读交流课

【交流目标】

1. 能梳理中美双方的矛盾点与妥协方案。

2. 能探究中美双方的妥协原因与意义。

3. 能体会"我们都是地球人"这一主题。

【交流重点】梳理中美双方的矛盾点与妥协方案，探究中美双方的妥协原因与意义。

【交流难点】体会"我们都是地球人"这一主题。

【交流过程】

一、展望前途：激趣导入

怀着辉煌的梦想，我们在艰难的航天之路上，缓慢而又坚定地前行着。前方等待我们的会是什么呢？这节课，就让我们一起在交流中共同展望。

二、中国 VS 美国

1. 中国人与美国人在共同工作中，有哪些难以调和的矛盾？请结合相关内容，填写下表。（如表格行数不够，可自行添加）

	中国	VS	美国
食物	中餐		西餐
出行			
住宿			

【答案预设】

	中国 VS	美国
食物	中餐	西餐
出行	坐车	要骑自行车，游山玩水
住宿	宾馆服务生不愿洗内衣	认为宾馆服务应包括一切
娱乐	与家人一起，忙里忙外	夜总会、跳舞
工作设备	卫星的操作设备是中方设备	设备区别大
工作方式	"家传秘方"	"国际标准"
沟通	电话信号不稳定	需要电话沟通
……	……	……

2. 小组交流合作：你认为其中最难以调和的是什么？为什么？

小组合作

要求：（1）以4—5人为一小组。

（2）每个人均要发表意见，小组成员要学会倾听，学会质疑。

（3）小组成员要合理分工：1—2人记录要点，1人发言，1—2人书写于黑板上。

三、中国+美国

1. 这些矛盾是如何进行调和的？双方的解决方案有哪些？以小组为单位进行交流，为刚刚找出的矛盾点寻找解决方案。

小组合作

要求：（1）以4—5人为一小组。

（2）每个人均要发表意见，小组成员要学会倾听，学会质疑。

（3）小组成员要合理分工：1—2人记录要点，1人发言，1—2人书写于黑板上。

2. 在矛盾重重中，为什么中美双方仍要继续合作，并且相互妥协？

【答案预设】因为一个共同的目标：将"亚洲一号"成功地送上太空；因为在工作摩擦中，对彼此逐渐地认同；因为中方为确保发射成功所作的各种努力……（言之有理即可）

四、中国（×）美国

1. 有人说，这次中美双方合作带来的影响，不仅仅是"1+1"这么简单，你觉得呢？

小组交流合作：请在下列"中国"与"美国"之间，为它们添加一个运算符号，并阐述你的理由。

小组合作

要求：（1）以 4—5 人为一小组。

（2）每个人均要发表意见，小组成员要学会倾听，学会质疑。

（3）小组成员要合理分工：1—2 人记录要点，1 人发言，1—2 人书写于黑板上。

【答案预设】

中间可填"×"，因为中国与美国的这次合作影响深远而巨大。这不仅仅是两个国家之间的合作，也象征着前途之光明，总有一天，人们会从封闭走向合作，从国家迈向"地球村"。

正如李鸣生自己所说："从区域文明到地球文明，从地球文明到星际文明，从星际文明再到地球文明，应该是一个无法抗拒的自然规律。航天时代带来的宇宙意识，导致了人类认识的飞跃，从而把人类的思想与情感引伸到一个辽远而广阔的大境界。"

"也许，宇宙公民们还会从各自的星球走来，手牵手，肩并肩，欢聚一堂，嬉笑打闹，谈天说地；而地球人回忆的话题一定是：在很久很久以前，他们如何艰难、痛苦地挣扎在地球上。"

2. 拓展阅读

阅读李鸣生的《中国"长征号"》，思考：这二者之间有什么异同之处。

"长征号"从封闭走向开放、从靶场走向市场的历史，就是中华民族从传统走向现代、从国内走向世界的历史；'长征号'与世界接轨的历史，就是中华民族与世界融合的历史。

五、作业

1. 必做：以"3018 的地球村"为话题，写一篇随笔。

2. 选做：

（1）任选"李鸣生航天七部曲"中的几部进行阅读，进一步认识报告文学的文体特征。

（2）对"航天文学"这一文学类别进行再思考：为什么说"在人类通往太空的路上，航天人的每个脚印，远比总统伟大"？

昆虫记

——【法】法布尔

一、作品介绍

《昆虫记》是法国博物学家、文学家法布尔基于长期的观察所撰写的一部自然科学著作,也可作为昆虫学的一部严谨学术著作,还可作为昆虫学的通俗自然科学读物,甚至可以称为记述昆虫生活和习性的文学作品。原著书名可直译为《昆虫学的回忆》或《昆虫学回忆录》,副标题为"对昆虫本能及其习俗的研究"。共十卷,长达200—300万字,每卷由若干章节组成,绝大部分完成于荒石园。

作品内容如其名,首先最直观的就是对昆虫的研究记录。作者以培养、观察方法为主,生动详尽地记录下这些小生命的各种生物特性。然后将观察记录结合思考所得,写成详细的笔记。法布尔用热爱和坚持,造就了他笔下的一个个栩栩如生、充满灵性的微小昆虫,即使是生活中令人生厌的昆虫也被他描写得妙趣横生。周作人曾点评法布尔:"他以人性观照虫性,并以虫性反观社会人生。"

二、实施要求

(一) 提取显性信息组合内容要点

《昆虫记》是一部科普作品。科普作品的写作目的是普及科学知识,增进大众对科学的了解。它的种类很多,如解说科学原理、探讨科学问题、介绍科学应用、展望科学前沿、回顾科学历史等。《昆虫记》中为我们介绍了各类昆虫的形态、习性、劳动、繁衍和死亡,通过为昆虫设计名片的形式,将书本中的知识要点进行归纳。这样的活动可以提升学生提取显性信息并组合内容要点的能力,为阅读整本书奠定良好的基础。

(二) 确定切实阅读计划,师生共读

师生共读《昆虫记》,教师参与学生的阅读活动,与学生一起制订合理的阅读计划。将课内阅读与课外阅读相结合,促使学生养成良好的阅读习惯。兴趣是最好的老师,所以教学要充分考虑到学生个体的兴趣爱好,激发学生的阅读兴趣。

（三）快速阅读法和精读法相结合

名著阅读重在方法指导，从一本书的阅读到一类书的阅读。故在阅读《昆虫记》时指导学生快速阅读法和精读法相结合。要求学生用快速阅读法寻关键，找到关键后能进行精读。在精读过程中能拿起笔，在字里行间记录自己的感受。

（四）关注科普作品中文学性语言

科普作品力求深入浅出，用通俗的语言说明复杂、抽象的事理，以利于大众理解相关科学知识。《昆虫记》堪称科学与文学完美结合的典范，被称为"昆虫的史诗"。故我们阅读时不仅要关注作品的科学性，还要关注其营造的独特的昆虫世界及语言之美。

三、导读攻略

【阅读安排】（《昆虫记》版本众多，故阅读篇章安排也可让学生参照此模板，自行安排。）

时间		阅读篇章	完成任务
第一周次	周一	《红蚂蚁》《蝉和蚂蚁的寓言》	1. 每组认领两种昆虫，进行制作昆虫名片，若能以PPT形式进行展示说明将更好。（任务认领时，教师进行协调以保证所有昆虫都有小组认领） 2. 每天阅读并摘录3—5处句子，并写出你摘录的原因
	周二	《蝉出地洞》《蝉的蜕变》	
	周三	《蝉的歌唱》《蝉的产卵及孵化》	
	周四	《螳螂的捕食》《螳螂的爱情》	
	周五	《螳螂的巢》《螳螂的孵化》	
	周六	《绿蝈蝈儿》《蟋蟀的洞穴和卵》《蟋蟀的歌声和交尾》	
	周日	《蝗虫的角色和发声器》《蝗虫的产卵》《蝗虫的最后一次蜕皮》	
第二周次	周一	《大孔雀蝶》《小条纹蝶》	
	周二	《胡蜂》《黑腹狼蛛》	
	周三	《彩带圆网蛛》《蟹蛛》	
	周四	《迷宫蛛》《克罗多蛛》	
	周五	《格朗多克蝎子的住所》《格朗多克蝎子的食物》	
	周六	《格朗多克蝎子的毒液》《格朗多克蝎子爱的序曲》《格朗多克蝎子的交尾》	
	周日	《格朗多克蝎子的家庭》《萤火虫》	

【阅读指导】

第一阶段：

任务：读故事，寻关键，知昆虫。

方法：略读为主，精读略读结合，圈点勾画，完成"昆虫名片"和句子摘录。并开展一次昆虫探讨会展示"昆虫名片"或以PPT形式展示。

昆虫名片

照片

名称：
住所：
食物：
特长：
寿命：

句子摘录

日期：　　年　　月　　日

1. 螳螂把它的翅膀极度张开，它的翅竖了起来，并且直立得好像帆船一样。（P页码）

感悟：这句话对螳螂的翅膀进行描写，运用比喻的手法，将螳螂的翅膀比作帆船，写出螳螂翅膀直立的特点。

2.

昆虫名片或昆虫介绍PPT展示，评分表：

评分项	得分
1. 设计美观（3分）	
2. 展示者仪态（2分）	
3. 内容合理（5分）	
总分	

第二阶段：

任务：小组合作，探究语言特点，模仿写作。

方法：精读为主，小组合作，根据课外资料，读思结合。

第三阶段：

1. 以小组为单位，选定一个主题探讨"虫性中的人性"。

小组选择主题	
小组成员及分工	
来源篇目	
主要句子及分析	
小组感受（联系自身的生活实际）	

主题选择：【伟大母爱】【生命启示】【团结合作】【弱肉强食】等。

2. 在思考四个问题后：（1）整体来说，这本书到底在谈些什么？（2）作者是怎么说的？（3）这本书给你留下最深的印象是什么？（4）这本书跟你有什么关系？"进行围绕《昆虫记》纪念邮票设计，设计理念阐述不少于200字。

走进昆虫世界

——《昆虫记》导读课

【导读目标】

1. 激发学生阅读兴趣，掌握科普作品的阅读方法。
2. 借助《昆虫记》译序，了解书本内容、明确阅读方向。

【导读重点】掌握科普作品的阅读方法。

【导读过程】

一、以邮票导入

师："1965年，法国邮政部门发行纪念邮票（图1），来纪念一位昆虫学家；1973年摩纳哥为纪念他诞生150周年，也发行了纪念邮票（图2）；2002年几内亚也发行了一枚有关他的邮票（图3）"（PPT出示邮票）这位被世人称颂，深刻留在心中的昆虫学家是谁呢？

(图1)    (图2)    (图3)

明确：法布尔。

师：法布尔有怎样的魅力让多国人民至今为他着迷？今天我们就走进他的作品——《昆虫记》。

二、借助书本译序，整体感知内容

《昆虫记》的翻译版本有很多，本堂课所选取的是译林出版社出版的。

1. 阅读译序思考以下问题：

（1）译序从哪几个方面介绍《昆虫记》？

（2）我们在阅读《昆虫记》的时候，应如何去读？重点读哪些部分？

明确：

（1）译序从作者法布尔生平事迹、科学成就、书本大致内容、历来评价、作品独特之处来介绍《昆虫记》。

（2）引导学生将阅读重点放在《昆虫记》中的科学性和文学性。科学性为阅读时思考法布尔对动物习性的观察和分析，有哪些是正确的，有哪些是不正确的，由此进行质疑问难、拓展延伸。文学性为关注到法布尔的文字之美，从语言入手体会到科普作品的艺术趣味性。（关注法布尔的科学研究精神和隐藏在昆虫世界背后的人类世界这两点，学生较难提出，将在交流课和研读课着重说明。）

2. 集思广益

师：一本书中还有哪些地方可以为我们在阅读前指明阅读方向？

明确：封面设计、目录、后记

三、读书方法指导

1. 阅读《蝉》这篇文章，完成蝉的名片（先自主完成，然后小组讨论整合答案）：

```
┌─────────────────────────────────────────────────────────┐
│                      昆虫名片                            │
│  ┌──────┐                                               │
│  │      │    名称：                                     │
│  │      │    住所：                                     │
│  │ 照片 │    食物：                                     │
│  │      │    特长：                                     │
│  │      │    寿命：                                     │
│  └──────┘                                               │
└─────────────────────────────────────────────────────────┘
```

明确：

名称：蝉；住所：地穴、树上；食物：未提及；寿命：大约两星期的生命；主要习性：生长过程（成虫产卵—孵化幼虫—入土隐藏—幼虫出穴—蜕皮成长的循环过程）、蜕皮顺序（背—头—吸管和前爪—翅膀和后爪—尾部）、产卵等相关习性。

2. 交流读书方法，为何有些同学完成读书名片特别快。根据学生回答，老师适时板书。（科学性——快速阅读：浏览、跳读，寻关键）

让学生以小组为单位根据目录选取自己感兴趣的昆虫，进行快速阅读并完成昆虫名片。

师：快速阅读的方法，可以帮助我们迅速找到自己所需要的关键内容。那么我们要感受法布尔的文字之美，我们应该怎么去读？

生谈看法，师总结并板书。（文学性——精读文章：圈点批注，品语言）

四、小结

PPT展示：周作人称赞道，"见到这位'科学诗人'的著作，不禁引起旧事，羡慕有这样好的书看的别国少年，也希望中国有人来做这翻译编纂的事业"。

师：周作人称法布尔为"科学诗人"，今天通过初步了解感受到了《昆虫记》这篇文章中的科学性，那么下节课我们将深入昆虫世界，体会法布尔的文字美。

五、板书设计

昆虫记

科学性——快速阅读：浏览、跳读，寻关键

文学性——精读文章：圈点、批注，品语言

六、作业布置

1. 课后阅读《昆虫记》，分组分篇目制作昆虫名片。

2. 在每日阅读时，摘录吸引你的句子进行赏析，3—5处（见阅读安排）。

诗化的语言

——《昆虫记》阅读交流课

【交流目标】

1. 走进作品语言,体会作品理趣和情趣的结合并学习作者写作技巧。

2. 走近作者,体会作者积极探索、求真务实的科学精神。

【交流重点】通过语言赏析,体会作品的诗性美。

【交流难点】感受作者的科学探究精神。

【交流过程】

一、知识竞答导入

PPT 展示以下问题:

1. 法国有一个人耗尽了一生的精力来研究昆虫,并专为昆虫写出了十卷大部头的书,这个人是<u>法布尔</u>;这本书是《<u>昆虫记</u>》,这本书又译为《<u>昆虫物语</u>》或《<u>昆虫学札记</u>》,被誉为"<u>昆虫的史诗</u>"。我们学过其中的一篇课文叫做《<u>蝉</u>》。

2. 选择题:

(1) 擅长装死的昆虫(A 黑步甲)   (2) 花园中的"淑女"(B 丽瓢虫)

(3) 自然界的"清道夫"(C 蜣螂)

A	B	C

3. 下面两个片段,哪个片段选自《昆虫记》(　　)

片段一:螳螂,是一种美丽的昆虫,它像一位身材修长的少女在烈日下的草丛中,它仪态万方,严肃半立,前爪像人的手臂一样伸向天空,活脱脱一副很诚心诚意地祷告的姿势。如果单从外表上看,它并不让人害怕,相反,看上去它相当美丽:它有纤细而优雅的姿态,淡绿的体色,轻薄如纱的长翼。这一切都构成了这样一个小动物的温柔,螳螂天生就有着一副美丽优雅的身材。

片段二:螳螂是昆虫中体型偏大的,体长一般55到105毫米,非洲的螳螂是世界最大的,身体流线型,以绿色、褐色为主,也具有花斑的种类;标志性特征是有两把"大刀",即前肢,上有一排坚硬的锯齿,大刀钩末端长有攀爬的吸盘。

明确:片段一选自《昆虫记》,学生自由表达自己的观点,总结出片段一的语言风格更符合《昆虫记》。由此引出今天的探讨主题:《昆虫记》的语言风格。

二、**学生自主交流,总结归纳语言风格**

学生对自己日常所摘录的句子进行观察,思考语言具有什么特点。之后,小组内进行分类思考得出法布尔的语言特色并派代表呈现答案。

明确:

1. 常用拟人的手法表现昆虫世界。

2. 善用比喻的手法。

(1)它们身体鼓鼓的,像半粒豌豆,鞘翅光滑或有绒毛,通常黑色的鞘翅上有红色或黄色的斑纹,或红色、黄色的鞘翅上有黑色的斑纹,但有些瓢虫,鞘翅黄色、红色或棕色,没有斑点,这些鲜艳的颜色具有警戒的作用,可以吓退天敌。

(2)其实,它的"举措"简直像矿工或是铁路工程师一样。矿工用支柱支持隧道,铁路工程师利用砖墙使地道坚固。

3. **语言诙谐幽默。**

(1)杨柳天牛像个吝啬鬼,身穿一件似乎"缺了布料"的短身燕尾礼服。

(2)蚂蚁站在门槛上,身边摆放着大袋大袋的麦粒,正调过脸去背对前来乞讨的蝉。那蝉则伸着爪子,唔,对不起,是伸着手。头戴十八世纪宽大撑边女帽,胳膊下夹着吉他琴,裙摆被凛冽寒风吹得贴在腿肚子上,这就是蝉的形象。

(3)他在写吃个不停的花金龟时,完全是用描写小孩的方式和口吻:"它们倒在饭桌上,也就是倒在稠黏的水果下睡着了,可嘴里还一直在舔着。那样子就像半睡半醒的小孩,嘴上含着涂了果酱的面包片,心满意足地睡了。"

小结:生动有趣的语言将科学探索变得不再枯燥。这就是《昆虫记》作为科普作品的魅力所在,让我们在获取科学知识,提高科学素养的同时激发了科学兴趣,也因此《昆虫记》获得了"昆虫的史诗"这一美誉。

三、**从语言中看作者**

常说"文如其人",从这些语言文字中,我们可以看到一个怎样的法布尔呢?(教师引导,让学生结合自己印象深刻的片段自由畅谈)

预设：

片段一：

有一天，我逮到了很多只蜘蛛。为了看一场殊死搏斗的好戏，我挑选出两只已完全发育成熟的强壮雄蛛，把它们放进同一只大玻璃罐中。开始，两只蜘蛛沿着角斗场走了好几圈，试图避开对手，但是经过最初的试探之后，它们就好像听到了发令枪声一样，现出腾腾杀气。它们并没有马上猛扑上去撕咬，而是仍然保持一段距离，最后竟然都一屁股坐在后腿上，这是为了保护自己的胸膛免遭对方攻击。它们相互对峙了大概两分钟，毫无疑问，在这期间彼此焕发了斗志。两分钟刚过，几乎同时，两只蜘蛛一跃而起，向对方猛扑过去。它们各自舞着长腿缠住对方，顽强地用上颚的毒牙撕咬，不知是疲劳过度还是依照惯例，角斗暂停了，双方从各自角斗的位置上撤退下来，但是都保持威慑状态。这种情况让我想起了猫之间奇怪的争斗，因为猫在争斗过程中也存在休战状态。当两只塔蓝图拉毒蛛又重新投入角斗时，厮杀更加惨烈。最终，角斗失败的一方会被胜利一方从场心抛出。它必须承受失败的厄运，它的头颅被撕开，成为征服者口中的美食。

——塔蓝图拉毒蛛

师：同学们有没有注意到作者写决斗的动词特别精彩，请圈出来。老师将这里的动词改一改：两分钟刚过，几乎同时，两只蜘蛛跳起，向对方冲过去。它们各自伸出长腿钩住对方，顽强地用上颚的毒牙咬。分别读一读，你看效果怎样？

学生自由畅谈，教师适时引导，最后出示《荒石园》中的话："准确记述观察得到的事实，既不添加什么，也不忽略什么"；"始终坚持真实所特有的一丝不苟态度"。

明确：这是一个求真务实、具有敏锐观察力的法布尔。

课外链接：呈现法布尔生平。

小结：他迎着"偏见"，伴着"贫穷"，不怕"牺牲""冒犯"和"被忘却"，这一切，就是为了那个"真"字。追求真理、探求真相，可谓"求真"。求真，就是法布尔精神。

片段二：

为了变换食物的花样，我还给它们吃很甜的水果：几片梨子、几颗葡萄、几块西瓜，这些它们都喜欢吃。绿色蝈蝈就像英国人一样，酷爱吃用果酱佐料的带血的牛排。也许这就是它抓到蝉后首先吃肚子的原因，因为肚子既有肉，又有甜食。

雌花金龟却并不这么匆匆忙忙。而当它披着色彩斑斓的盔甲成虫时，它仍然把大好光阴用来吃。只要天气不是热得受不了，它要做的所有事情，就是吃杏子、梨子、桃子、无花果、李子等水果做成的果酱。它被美餐耽误了，一切都被抛到了脑后，只好把产卵推迟到来年。

明确：这是一个幽默且可爱如孩童的法布尔。

片段三：

你们是把昆虫开膛破肚，而我是在它们活蹦乱跳的情况下进行研究；你们把昆虫变成一堆既可怖又可怜的东西，而我则使得人们喜欢它们；你们在酷刑室和碎尸场里工作，而我是在蔚蓝的天空下，在蝉鸣的歌声中观察；你们用试剂测试蜂房和原生质，而我却研究本能的最高表现；你们探究死亡，而我却探究生命。

明确：这是一个敬畏自然、尊重生命、热爱昆虫的法布尔。

总结：正是因为这种敬畏生命的情怀，给《昆虫记》这部科学著作注入了灵魂和生气，使之成为"一部很有趣，也很有益的书"。

四、学习作者写作技巧

观看杰克跳蚤打斗、掠夺食物视频后模仿法布尔语言风格进行写作。

视频：https：//v.qq.com/x/page/n0514b7d291.html

五、板书设计

《昆虫记》法布尔

拟人求真务实，仔细观察

比喻热爱生命，敬畏自然

诙谐充满童真，幽默风趣

六、作业布置：完成写作片段，不少于三百字。

以"虫"观"人"
——《昆虫记》研读课

【研读目标】

1. 通过对寻找片段中的关键句并深入联系生活实际，感受隐藏在虫性中的人性。
2. 进一步体会法布尔以人性解读微观的昆虫世界，尊重卑微生命的人文情怀。

【研读重点】寻找并解读重点语段、情节，结合生活实际分析隐藏在虫性中的人性。

【研读过程】

一、名家评价导入

周氏兄弟对法布尔及他的作品赞誉有加。周作人说："他以人性观照虫性，并以虫性反观社会人生。"

师：你怎么理解这句话，能否结合作品说说。

学生各抒己见。在上节交流课的铺垫下，学生对"以人性观照虫性"这句话作出解释。

师：今天我们要走进作品，看看法布尔笔下的昆虫世界与我们人类世界有什么共同点。

二、探寻"虫性中的人性"

1. 出示片段，共同探讨"虫性"中的"人性"。

PPT出示：

大约在九月中旬，小蜘蛛们从巢里出来了。但是它们并不离开巢，它们要在这温软舒适的巢里过冬。母蜘蛛继续看护着它们，继续纺着丝线。不过岁月无情，它一天比一天迟钝了。它的食量也渐渐地小起来。有时候我特意放几条蝗虫到它的陷阱里去喂它，它也显得无动于衷，一口也不想吃。虽然这样，它还能维持四五个星期的生命，在它离开这个世界之前，它继续一步不离地守着这巢，每次一听到巢里新生的小蛛在活泼地爬来爬去，它便感到无限的满足和快慰。最后，到十月底的时候，它用最后一点力气替孩子们咬破巢后，便精疲力尽地死去。它已尽了一个最慈爱的母亲所应尽的责任，它无愧于它的孩子，无愧于这个世界。至于以后的事，它便托付给造物主了。到了来年的春天，小蜘蛛们从它们舒适的屋里走出来，然后像蟹蛛那样，靠着它们的飞行工具——游丝，飘散到各地去了。它们的母亲在天之灵，看着自己的孩子一个个各自成家立业了，也该欣慰了。

——迷宫蛛

请学生说说自己从中看到了怎样的"人性"。

预设：

生：我看到了母蜘蛛对小蜘蛛的爱。

师：你是从片段中的哪里看出的呢？

生：文章出现了"母亲"这个词，并且主人公是母蜘蛛和小蜘蛛，所以跟母爱有关。

生：从"它继续一步不离地守着这巢，每次一听到巢里新生的小蛛在活泼地爬来爬去，它便感到无限的满足和快慰"中的"一步不离"可看出母蜘蛛对小蜘蛛无微不至的照顾。

师：很好，还有吗？

生：从"它用最后一点力气替孩子们咬破巢后，便精疲力尽地死去"，从只剩最后一点力气、精疲力尽的母蜘蛛至死一刻仍惦记着小蜘蛛，可以看出其深沉的爱。

生："它已尽了一个最慈爱的母亲所应尽的责任，它无愧于它的孩子，无愧于这个世界"，从这句话直接可以看出母蜘蛛是一个慈爱的母亲。

师：所以我们探寻到"虫性"中"人性"的方法是什么？

学生总结，即寻找关键句、关键词进行分析。

PPT出示：昆虫定义：昆虫种类繁多、形态各异，属于无脊椎动物中的节肢动物。

师：昆虫只是低级生物，对于他们而言习性决定他们的行为，但是作者法布尔抱着平等的心态去观察昆虫、撰写故事，将自己的许多主观感受展现在书中。所以《昆虫记》是科学和文学的结合，从"虫性"中看见"人性"。

2. 以小组为单位，选定一个主题进行分析，用上寻关键句的方法。

小组选择主题	
小组成员及分工	
来源篇目	
关键句子及分析	
小组感受（联系自身的生活实际）	

PPT展示主题：伟大母爱、生命启示、团结合作、弱肉强食、豁达人生等。

预设：

（1）伟大母爱（略）

（2）生命启示

但愿我至少能够对最微不足道的昆虫的价值说一次公道话。每天晚饭后，我的身体暂时摆脱了饥饿，在安静的环境中，我的脑子里时不时地会闪现出一些思想的火花。大概螳螂、蝗虫、蚂蚁，甚至其他更小的昆虫都会对人的思想起到这种促进作用，可我不知道为什么，也不知道怎么做到这一点。通过说不清道不明的曲折途径，它们各自以自己的方式给我们的思想之灯添上一滴油。它们的能量通过慢慢地加工、贮藏、传送而注入我们的血管，在我们精力不足时滋养着我们。我们靠它们的死亡生活着。<u>世界在周而复始地循环：有结束才有开始，有死亡才有生命。</u>

（3）团结合作（以共同利益为合作前提）

它们既非家庭共同体，也非劳动共同体，那么，这种看上去像是一种社会的合作现象又何以存在呢？答案很简单，这是在<u>图谋劫掠财产</u>。只要粪球的主人一放松警惕，客人就会裹挟着财产，溜之大吉；主人如果寸步不离地监视着，客人就会以出过力为理由，索性地就大吃起来。——圣甲虫松毛虫队伍没有及时回巢，它们就会围拢在一起，共同取暖，抵御寒夜。虽然总会有一些松毛虫死去，但大部分会生存下来。它们之间合作关系就会持续下去，<u>因为团结才能生存</u>。

（4）弱肉强食

每每见到蜜蜂在健康快乐的劳动中被杀害，我总是感到非常愤慨，为什么辛勤劳动者要养活游手好闲者？<u>为什么被剥削者要养活剥削者？</u>为什么那么多善良的动物会牺牲在极其猖獗的掠夺中。

（5）豁达人生

蟋蟀在洞口卷动着触须，腹部朝着阴凉处，脊背朝着太阳。它并不嫉妒蝴蝶，而且可怜蝴蝶；它那带着嘲弄的怜悯神情，就像在临街闹市开了一家商铺的老板，看到衣着华丽却无家可归的人从自己门口走过那样。它根本不诉苦，而且非常满意自己的住所和小提琴。<u>它是真正豁达的人，知道虚荣是怎么回事；它喜欢远离寻欢作乐者的喧嚣，独自享受陋室的好处。</u>

学生小组呈现自己的讨论结果。

小结：一部科普作品中竟藏有如此之多的人生现象。怪不得著名的法国戏剧家埃德蒙·罗斯丹称赞法布尔时说，"这个大学者像哲学家一般地去思考，像艺术家一般地去观察，像诗人一般地去感受和表达"。

三、出示写作片段，进行反馈

师：大多数同学能完成上节交流课的要求，模仿法布尔的语言风格。但通过刚才的讨论我们可以发现，仅仅是语言上运用拟人、比喻等写法只能与法布尔形成形似，而要真正达到神似，我们还要学习他的思想。

给学生一定时间进行修改，小组讨论选出最符合法布尔风格的片段。

四、拓展延伸

正是这样一部作品，让周氏兄弟爱不释手。但鲁迅在称赞法布尔的同时，也指出了他的著作有两个缺点。

PPT出示："一是嗤笑解剖学家，二是用人类道德于昆虫界。"

让学生畅谈后，出示后半部分话语。

PPT出示："一是嗤笑解剖学家，二是用人类道德于昆虫界。但倘无解剖，就不能有他那样精到的观察，因为观察的基础，也还是解剖学；农学家根据对于人类的利害，分昆虫为益虫和害虫，是有理可说的，但凭当时的人类的道德和法律，定昆虫为善虫或坏虫，却是多余了。有些严正的学者，对于法布尔颇有微词，实也并非无故。但倘若对这两点先加警戒，那么，他的大著作《昆虫记》十卷，读起来也还是一部很有趣，也很有益的书。——鲁迅"

总结：面对任何作品我们应该以一分为二的观点去看待。希望同学们能学习法布尔的求真精神，怀着对生命的尊重与热爱面对生活。

五、板书设计

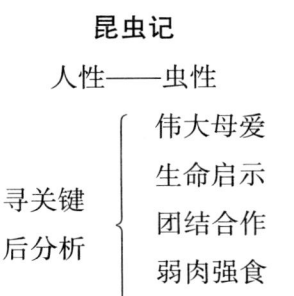

昆虫记

人性——虫性

寻关键
后分析
{ 伟大母爱
生命启示
团结合作
弱肉强食
豁达人生 }

六、作业布置

1. 完成一本书阅读后，思考四个问题，与同学相互沟通交流。

（1）整体来说，这本书到底在谈些什么？

（2）作者是怎么说的？

（3）这本书给你留下最深的印象是什么？

（4）这本书跟你有什么关系？

2. 请你为《昆虫记》设计一张纪念邮票，并说明你的设计理念，不少于200字。

星星离我们有多远

——卞毓麟

一、作品介绍

《星星离我们有多远》是现任国家天文台客座研究员卞毓麟的天文科普佳作，它就像一把"量天尺"，为我们测量出每个变星、每个星系、每颗星系离我们的距离，让我们真实地认识到宇宙的巨大。从大地的尺寸到雷达测月，从地球与月球的距离到地球与太阳的距离，从三角视差法到普遍红移，从宇宙中的"岛屿"到类星体距离之谜……许多于我们而言，既熟悉又陌生的天文知识都在书中呈现，由浅入深，由近而远，层层推开，极大地丰富着我们在天文领域的知识库。图文并茂的书中，还插入了不少名人轶事，让我们了解到一个个行星的发现，都是成千上万个天文人的付出。这些优秀的天文学家们的付出，不仅让我们看到了完整的星系，也让我们有了探索星系的动力。这本书最大的看点是，作者在叙述每种测距方法的时候，既不是平铺直叙，也不是只讲结果，而是伴之以发展过程，显示出天文学家解决问题时的思路，这种"与其告诉结果，不如告诉方法"的手法会使读者受益良多。

二、实施要求

【指导建议】

（一）立足学情，兴趣引领

《星星离我们有多远》这本书篇幅较短，但作为科普作品涉及的知识面宽广，学生在阅读理解上有一定的难度。学生在七年级下册学过《太空一日》，对太空的探索有一定的了解。再加上八上说明文单元的学习，学生已掌握了一定的说明文的阅读和学习方法。同时，他们上了初中之后开始接触科学中的相关知识，对科普类的作品也比较感兴趣。因此，导读课立足学情，引导学生关注名著的后序、附录，教给阅读方法，引领阅读方向，同时激发学生的阅读兴趣。这样一开始就降低他们阅读的心理压力，让他们在阅读的乐趣中慢慢喜爱上名著。

(二) 确定合理的阅读时间及进度

阅读名著是一个过程,有些学生可能会由于兴趣的转移或课余时间的不足而半途而废,或是因为内容枯燥而放弃阅读。因此,我们要对阅读时间和进度作统筹安排,将全书根据"量天尺"的测量方法分为6个版块,在一周内完成全书的阅读并完成相应的阅读任务。

(三) 充分发挥媒体的作用,激发兴趣

阅读《星星离我们有多远》前,可先让学生从网上查阅卞毓麟的生平资料及作品的背景介绍材料,这样读者对作品主题的理解就会深入一些。在活动课上,我们可以播放关于星空研究的科学纪录片,让学生与名著进行对比,在比较中理解科普作品的内涵。

(四) 指导圈点评注和读后评价两种读书方法

1. 《星星离我们有多远》是科普类作品,条理清晰,用思维导图的方式去归纳阅读的内容,会更加简洁直观。相比起单篇的文本阅读,名著阅读是一种更庞大,也更复杂的阅读形态。因此,很多学生在阅读经典名著时,常望而却步,选择走马观花。大量的情节只机械式地在视野里进出,并未在大脑里重新组织和加工,阅读呈"碎片"的状态。学生在作思维导图的时候,可以顺便对整本书的内容进行梳理、概括、提炼,最后以形象化、可视化、条理化、清晰化的"图文"形式进行呈现,从而实现对整本书宏观的把握。

2. 开展读书交流会、手抄报展示、书签制作展示等交流展示活动,既可以了解学生实际的阅读状态,展示阅读的成效,也可以促进阅读活动的深化,促使学生产生阅读成就感,增进阅读效果。

【整体框架】

教学阶段	主要内容	设计意图
通读指导	借助阅读任务单,初读全文,完成阅读任务	初步了解内容,理解科普类作品的写作方式
名著导读课	阅读《后记》《附录一》《附录二》和第三章	通过比较阅读,掌握科普类作品的相关阅读方法。初步感知《星星离我们有多远》的写作内容及风格,触发学生对整本书阅读的兴趣和方法整理
名著研读课	阅读《转向了太阳》和《开普勒和他的三定律》,品析精彩语段	通过梳理整本书的写作脉络,熟悉书中所涉及的各种"量天尺"的作用。学习文中准确严谨又传神生动的笔法,感受作者严谨求实的科学态度和忘我的科学精神

续表

教学阶段	主要内容	设计意图
名著交流课	小组展示阅读成果，交流学习，深入理解作者的科学精神	通过活动展示，整理、固化、表达自己的阅读成果。 在交流中深入思考，对整本书的意义和价值，有个人独特的理解和体会

三、导读攻略

《星星离我们有多远》是科普作品。统编教材对阅读科普类作品有明确的方法指导：

1. 借助前言、后记或附录中相关作品的介绍，了解作家的生平事迹、科学成就和全书的大致内容，为阅读整本书做些准备。

2. 在阅读中，遇到一些专业性较强的概念、术语，要查找工具书或相关资料，把握其含义；要运用自己在课内外学到的知识加强理解，深化认识；如果科普作品的内容是你非常感兴趣或比较熟悉的，也可以质疑问难，拓展延伸，把阅读引向更深层次。

3. 体会科普作品蕴含的科学思维、科学理念和科学精神，扩大我们的知识领域，锻炼我们的思维，在阅读中汲取人生智慧，让科学的光芒照亮自己。

4. 关注科普作品的艺术趣味。科普作品，都或多或少地运用了文学手段来介绍科学知识，一般都是结构严谨、逻辑严密、语言幽默、兼有理趣和情趣的。在阅读中，我们可以获得真知，也可以得到善的感染和美的熏陶。因而：

第一阶段略读。建议用 5 天时间泛读全书，整体把握说明顺序，了解说明对象基本特征。

第二阶段精读。建议用 3 天时间，选择自己感兴趣的篇章进行精读，体会科普类作品语言严谨、准确的特点。通过查找工具书或相关资料体会科普作品蕴含的科学思维、科学理念和科学精神，扩大我们的知识领域。

第三阶段悟读。建议用 2 天时间进行评价性阅读。通过对比阅读，关注科普作品的艺术趣味性。观看星空研究的科学纪录片，进行视频与文本对比的交流。

第一阶段：

任务：把握说明顺序，了解说明对象的特征。

方法：略读为主，精读略读结合，思维导图。

量天尺	篇章	用时	阅读任务
三角法	《序曲》 《大地的尺寸》 《明月何处有》	1日	1. 每天用100字左右，概括每把"量天尺"的基本特征。 2. 用思维导图的形式呈现整本书的"量天尺"
三角视差法（不超过300光年）	《太阳离我们有多远》 《间奏：关于两大宇宙体现》 《测定近星距离的艰难历程》	1日	
分光视差法 （32万光年左右）	《通向遥远恒星的第一阶梯》 《再来一段插曲 银河系和宇宙岛》	1日	
造父变星的周光关系（4000万光年）	《通向遥远恒星的第二阶梯》	1日	
新星和超新星（50亿光年左右）	《欲穷亿年目 更上几层楼》	1日	
星系的普遍红移（100亿光年）			
类星体	尾声		

第二阶段：

任务：结合资料，学习科学思维方式、感受科学精神。

方法：静心细读，对比分析，摘抄并批注。

学生在自主阅读名著的过程中，结合通读指导中的各种历史、典故、原理，加深对原著的理解，引发深入的思考。

量天尺	测量范围	最先使用者	使用方式	涉及历史、典故、原理
三角法	地球到月球	法国天文学家拉卡伊和他的学生拉朗德	P22《从街灯到天灯》	开普勒和他的三定律
三角视差法	不超过300光年	德国天文学家、数学家贝塞尔	P70《恒星终于被征服》	卡西尼测定火星视差 金星凌日 "地球中心说" "日心地动说"
分光视差法	32万光年左右	美国沃尔特亚当斯和德国天文学家科尔许特	P95《分光法的妙用》	银河系的发现 星云的发现
造父视差法	4000万光年	英国荷兰裔业余天文学家古德里克（发现造父星） 美国人亨利埃塔斯旺勒维特	P119《一根新的测量标杆》	球状星团 银河系的大小 哈勃"星系天文学之父"

续表

量天尺	测量范围	最先使用者	使用方式	涉及历史、典故、原理
新星和超新星	50亿光年左右		P139《接力棒传到了新星和超新星》	蟹状星云 亮星 累积星等
星系的普遍红移	100亿光年	法国物理学家斐佐	P150《耐人寻味的红移》	多普勒效应 哈勃定律 大爆炸宇宙论

第三阶段：

任务：评价性阅读、专题探究。

方法：查找资料，读思结合。

专题一：跟卞毓麟学探究

（1）研读卞毓麟着力研究的若干个具体案例，总结他科学探究的经验。

（1）借鉴卞毓麟的经验，选择你感兴趣的一个科学问题，设计方案，进行探究实验。

专题二：跟卞毓麟学写作

（1）从写作的角度精读《星星离我们有多远》，摘抄若干精彩片段，进行鉴赏、点评。

（2）观察你喜欢的星座，查找相关的传说，学习卞毓麟的写作技巧，进行仿写。

专题三：跟卞毓麟学做人

（1）研读《后记》及《外七篇》，摘录卞毓麟对待研究的态度的句子，进行点评。

（2）课外查找更多卞毓麟的生平简介，结合《星星离我们有多远》，说说对他所信仰的"使人幸福的是德性而非金钱"的理解和感悟。

漫步星空

——《星星离我们有多远》导读课

【导读目标】

1. 通过比较阅读，理解后记、附录一、附录二对整本书阅读的指引作用，掌握相关的阅读方法。

2. 阅读第三章，初步感知《星星离我们有多远》的写作内容及风格，感受名著的魅力，触发学生对整本书阅读的兴趣和方法整理。

【导读重点】掌握比较等阅读方法。

【导读难点】学会整理整本书阅读方法。

【课前准备】

1. 调查整理学生阅读《星星离我们有多远》最想了解的问题。

2. 阅读后记、附录一、附录二，划出你觉得阅读整本书时有提示作用的观点。

3. 阅读第三章，结合第2题思考，有没有相关的印证，做上标注。

【导读过程】

一、导入

"一闪一闪亮晶晶，满天都是小星星。挂在天空放光明，好像许多小眼睛……"这首《小星星》，是大家所熟知的，对很多同学来说，这首歌可是记忆中第一首会唱的歌，那么有没有同学对星星产生过疑问和遐想呢？

今天我们就带着自己的好奇，一起走进《星星离我们有多远》。

二、科普作品的阅读·方法指引

1. 看到《星星离我们有多远》这个题目，你最想了解这本书的哪些内容呢？

预设：

内容，写作目的，写作手法，作者，作品影响，命名……

2. 我们发现大部分同学对于这本书的关注点都落在内容和写作目的上，既然你这么想了解这本书，你会怎样开始阅读？

预设：

（1）从头到尾翻阅。

（2）翻阅目录后，从最喜欢的部分开始看。

（3）先看序言，然后再往下看……

3. 科普作品的阅读·方法指引

刚才大家就《星星离我们有多远》的阅读方法和内容都发表了自己的看法，但是有没有同学留意到它是一本科普作品呢？什么是科普作品，在阅读时我们又该注意些什么呢？

（1）科普作品：

科普作品的写作目的是普及科学知识，增进大众对科学的了解。

科普作品的写作方法千差万别，但是有一点是共同的，即都力求深入浅出，用通俗的语言说明复杂、抽象的事理，以利于科学知识的传播。

（2）阅读科学作品，可注意以下一些问题：

①借助前言、后记或附录中有关作家作品的介绍，了解作家的生平事迹、科学成就和全书的大致内容，为阅读整本书做些准备。

②在阅读中，遇到一些专业性较强的概念、术语，要查找工具书或相关资料，把握其含义；要运用自己在课内外学到的知识加以理解，深化认识；如果科普作品的内容是你非常感兴趣或比较熟悉的，也可以以质疑问难，拓展延伸，把阅读引向更深层次。

③体会科普作品蕴含的科学思维、科学理念和科学精神，扩大我们的知识领域，锻炼我们的思维，在阅读中汲取人生智慧，让科学的光芒照亮自己。

④关注科普作品的艺术趣味。科普作品，都或多或少地运用了文学手段来介绍科学知识，一般都是结构严谨、逻辑严密、语言幽默、兼有理趣和情趣。

三、科普作品的阅读·当堂训练

1. "这些序言、后记，可以说是交给读者的一把开门入室的钥匙吧。（曹靖华）"在后记、附录一、附录二的阅读中，我们读到了很多关于这本书的要点，请找出那些可以给你阅读这本书以指引的提示。

预设：

（1）知识筑成了通向遥远距离的阶梯。

（2）与其告诉结果，不如告诉方法。

（3）将人类今天掌握的科学知识融于科学认知和科学实践的历史进程之中，巧妙地做到了"历史性"和"逻辑性"的统一。

（4）既讲清结果，更阐明方法。

（5）文字规范，流畅而生动，决不盲目追求华丽和堆砌辞藻。

……

2. 小组合作探究：按照后记、附录一、附录二指引的观点，分组讨论，在第三章中找出印证。

3. 《星星离我们有多远》是卞毓麟的天文通俗科普著作，它获得了极大的认可。请结合以下评价和第三章的内容，谈谈你读到的作品的动人魅力是什么？

（1）这是近年来写得很好的一本书。

——著名天文学、紫金山天文台台长张钰哲

（2）作品立意清新，铺叙合理，文笔流畅，是近年来天文科普中一本值得向广大读者推荐的佳作。

——北京天文台台长王绶琯

预设：用陈述故事的方式叙述科学原理；介绍了科学知识，又饶有兴味地衬托出历史人物和背景……

四、小结

通过第三章的阅读，我们发现原来测量天体距离的方法也可以这么通俗易懂，深奥的科学知识可以这么有趣味。这便是卞毓麟《星星离我们有多远》的魅力所在，希望大家能继续抱着好奇的心，在这周的时间里，根据阅读计划，把书看完。也希望通过这节课的方法指导，大家能掌握阅读科普作品的简单方法，并运用在以后科普类书籍的阅读中。

五、作业布置

1. 根据阅读计划，完成整本书的阅读。
2. 选择自己感兴趣的探究小组，参与专题探究。

"量天尺"的通天本领
——《星星离我们有多远》研读课

【研读目标】

1. 通过梳理整本书的写作脉络，熟悉书中所涉及的各种"量天尺"的作用。
2. 通过阅读精彩语段，学习文中准确严谨又传神生动的笔法，体会行文活泼又不失严谨的特点。
3. 体会作者对天文事业的热爱，感受作者严谨求实的科学态度和忘我的科学精神。

【研读重点】学习文中准确严谨又传神生动的笔法，体会行文活泼又不失严谨的特点。

【研读过程】

一、导入

牛郎和织女的故事，相信大家都熟悉吧，传说他们之间隔了一条银河，只有每年七月初七才能在喜鹊搭的鹊桥上相会。这是美好的传说，那么现实中的星星离我们有多远呢？牛郎星和织女星，真的只是隔着一条"不甚宽广"的天河吗？今天这节课，就拿出我们的"量天尺"好好地量一量。

二、文本研习

1. 感知"量天尺"

通过上一周的阅读，大家已经把《星星离我们有多远》这本书通读了一遍，也完成了《阅读清单》，请选择自己喜欢的方式进行阐述（如列表格、画树状图、画思维导图等）。

量天尺	测量范围	最先使用者	使用方式	涉及历史、典故、原理
三角法	地球到月球	法国天文学家拉卡伊和他的学生拉朗德	P22《从街灯到天灯》	开普勒和他的三定律
三角视差法	不超过300光年	德国天文学家、数学家贝塞尔	P70《恒星终于被征服》	卡西尼测定火星视差 金星凌日 "地球中心说" "日心地动说"
分光视差法	32万光年左右	美国沃尔特亚当斯和德国天文学家科尔许特	P95《分光法的妙用》	银河系的发现 星云的发现
造父视差法	4000万光年	英国荷兰裔业余天文学家古德里克（发现造父星）美国人亨利埃塔斯旺勒维特	P119《一根新的测量标杆》	球状星团 银河系的大小 哈勃"星系天文学之父"
新星和超新星	50亿光年左右	/	P139《接力棒传到了新星和超新星》	蟹状星云 亮星 累积星等
星系的普遍红移	100亿光年	法国物理学家斐佐	P150《耐人寻味的红移》	多普勒效应 哈勃定律 大爆炸宇宙论

2. 感悟"量天尺"

卞毓麟为我们介绍了这么多的量天尺，你更喜欢哪一把"量天尺"呢？请阐述原因。请按照以下要求进行小组合作学习。

（1）独立思考，将自己的答案写在纸上。

（2）小组交流，互相启发，互相评判，形成小组最佳答案。

（3）全班交流。

3. 感析"量天尺"

快速阅读《转向了太阳》和《开普勒和他的三定律》，思考：卞毓麟在介绍"量天尺"时用了哪些方法，为什么大家会喜欢他笔下的"量天尺"呢？请结合文本进行阐述。

预设：

（1）运用了列数字、打比方、举例子等多种说明方法，让科学知识通俗易懂。

（2）在介绍天文知识的时候，适时地插入天文学家的生平和事迹，这样更有趣味性。

（3）不单单只是简单地介绍天文知识，还介绍了测量的方法，可以让我们自己去尝试。

……

三、读有所思

劳伦茨曾说："事实比任何贫瘠的想象都更出人意料，妙趣横生。"《星星离我们有多远》是卞毓麟的科普佳作，广受读者的喜爱。一本书之所以能让大家喜欢，必然有其独特的魅力。请结合以下材料，说说为什么卞毓麟能将枯燥的天文知识写得这么生动形象？

1. 分秒必争，丝毫不苟；博览精思，厚积薄发。

——《"梦天"的由来》

2. 我一直认为，任何科学工作者都理应在普及科学的园地上洒下自己辛劳的汗水。你越是专家，就越应该有这样一种强烈的意识：与更多的人分享自己掌握的知识，让更多的人变得更有力量。

——《后记》

3. 确实，一名科学家，一个科普作家，必须具有强烈的社会责任感和高尚的职业道德，方能激情回荡，佳作迭出。"这两者都是人民的需要"，先生这种强烈的使命感，今天依旧是我们做人的榜样。

——《缅怀戴文赛老师》

预设：

（1）对天文工作无限的热爱。

（2）兢兢业业、脚踏实地的工作态度。

（3）他既有科学家的严谨，又有深厚的文化底蕴。

……

四、小结

《星星离我们有多远》一书为我们展示了天文学家如何兢兢业业，利用各种巧妙方法测量天体距离的历程。卞毓麟用他那颗热爱天文事业的心，用他深厚的文学修养，将各种"量天尺"的通天本领娓娓道来，让我们感受到了天文知识原来也可以这么妙趣横生。

五、作业布置

当时国家邮电总局为表彰卞毓麟在天文研究方面的突出贡献，打算发行一款纪念书签,向全世界的读者们征集,请你根据《星星离我们有多远》中,你最喜欢的篇章设计一枚书签,参加此次活动。

丈量浩瀚星海
——《星星离我们有多远》阅读交流课

【交流目标】

1. 通过活动展示,整理、固化、表达自己的阅读成果。

2. 在交流中深入思考,对整本书的意义和价值,有个人独特的理解和体会。

【交流重点】各小组课件展示探究的内容,并能相互补充各自的理解。

【交流过程】

一、导入

孔子言:学而不思则罔,思而不学则殆。法国十六世纪哲学家、物理学家和数学家笛卡尔说,我思故我在。名著要读,更重要的是要思考,只有这样才能使读书的意义和价值更大。我们已经读名著《星星离我们有多远》近半个月了,今天我们将交流自己的阅读体会。

二、我思故我在

(一)脑洞大开

每本书的封面其实就是对整本书整体感受的凝聚。请结合名著内容,说说如果你是卞毓麟,你会从以下四个版本中,选择哪个版本,为什么?

(二)名著探讨小组展示

各小组展示自己的专题探究成果

专题一：跟卞毓麟学探究

（1）研读卞毓麟着力研究的若干个具体案例，总结他科学探究的经验。

（2）借鉴卞毓麟的经验，选择你感兴趣的一个科学问题，设计方案，进行探究实验。

专题二：跟卞毓麟学写作

（1）从写作的角度精读《星星离我们有多远》，摘抄若干精彩片段，进行鉴赏、点评。

（2）观察你喜欢的星座，查找相关的传说，学习卞毓麟的写作技巧，进行仿写。

专题三：跟卞毓麟学做人

（1）研读《后记》及《外七篇》，摘录卞毓麟对待研究的态度的句子，进行点评。

（2）课外查找更多卞毓麟的生平简介，结合《星星离我们有多远》，说说对他所信仰的"使人幸福的是德性而非金钱"的理解和感悟。

（三）其他小组点评、质疑，教师补充

三、小结

这节课的读书交流会，让我们对卞毓麟和他的《星星离我们有多远》又有了更多的了解。作者由浅入深，循序渐进地将天文学家及天文知识娓娓道来，讲解通俗易懂。既介绍了天文知识，又启迪思维，实在是值得同学们认真研读的科普佳作。

四、作业布置

校科普社团打算举办卞毓麟研究成果展览，你们小组作为筹备组之一，请完成以下两个任务：

1. 根据不同的角度，把卞毓麟展览内容分为几个不同的展区，并用思维导图的形式呈现。

2. 为不同的展区命名，并撰写前言。

提示：设计要依据《星星离我们有多远》，设计主要侧重于文本设计，有条件和热情的小组，可以进行相应的美工设计。

寂静的春天

——【美】雷切尔·卡森

一、作品介绍

《寂静的春天》是一本激起全世界环境保护事业的书,作者是美国海洋生物学家蕾切尔·卡逊,于1962年出版。它描述了人类可能将面临一个没有鸟、蜜蜂和蝴蝶的世界,正是这本不寻常的书,在世界范围内引起人们对野生动物的关注,唤起了人们的环境意识。这本书同时引发了公众对环境问题的注意,将环境保护问题提到了各国政府面前。各种环境保护组织纷纷成立,从而促使联合国于1972年6月12日在斯德哥尔摩召开人类环境大会,并由各国签署了《人类环境宣言》,开始了环境保护事业。

《寂静的春天》颠覆了传统文学的人类中心主义,没有纯功利地、纯工具化地对待自然,而是关注自然界其他生物的生存和命运,将自然界的其他生物和人类平等地放在生态系统之中,从生态系统平衡与协调的角度来分析化学杀虫剂的使用带来的危害,表达了重要的生态整体主义观:生物圈中的一切存在物都拥有生存和繁荣的平等权利,它们之间并不存在绝对的界限,所有的事物都是相互联系在一起的。其独特全新的生态视角、优美与形象的生态书写和厚重深邃的生态思索,给人以哲学的思想启迪和艺术的精神享受。

在《寂静的春天》中,蕾切尔·卡森很少使用科学专业术语,而是用优美与形象的书写方式,将琐碎沉闷的科学调查材料转变成对生态世界栩栩如生的描述。优美与形象的书写主要体现在对大自然和生命毫不吝啬的赞美、故事情节嵌入和象征手法的运用,这种书写使文本既优美又容易理解,增添了文本的可读性和感染力。自然美景的描写,对美丽生命的细节描写,运用象征性文学语言,增加了读者的阅读兴趣,并使作品中的描述更加真实可信。虽然这部伟大的作品发表已时隔近半个世纪,但是再次阅读并赏析该作品仍然具有十分重要的意义。

二、实施要求

(一)形式多样激起名著阅读兴趣

《寂静的春天》虽很少使用科学专业术语,语言也比较优美与形象,但毕竟是科学小品、相对故事性强的作品，本书很难吸引学生的阅读兴趣。宜运用直观生动的形象，激发学生的兴趣，如用多媒体影片片段，吸引学生的兴趣。同时在导读《寂静的春天》时，设计一些形式活泼的活动，让学生在轻松愉悦的活动中进入名著。

（二）师生共同制订切实的阅读计划

师生共读名著《寂静的春天》，教师参与学生的阅读活动，尊重学生的选择，与学生一起制订合理的阅读计划。将课内阅读与课外阅读相结合，每周固定一节课为名著导读课，利用课余时间自主阅读。

（三）联读比读鼓励学生探究创造

《寂静的春天》作者卡森以"艺术中的科学家"的视界审视艺术，表达了重要的生态整体主义观：生物圈中的一切存在物都拥有生存和繁荣的平等权利，这跟以往的人类中心主义价值观完全不一样。将这两种不同观点的作品进行比读，再跟其他自然作品进行联读，可以引导学生将作品读深读透读厚，形成科学的生态价值观。

三、导读攻略

全书共十七章，建议用四周时间完成阅读，阅读时可以运用"制卡读薄，批注读厚、比读读深"的方法，并进行相关的活动。

【阅读安排】

步骤	内容		章节	时间规划	阅读反馈形式
1. 分章节阅读作品，每章节用关键词表达自己的阅读感受。	提出问题		第一章 明天的寓言	2天	1. 制作阅读计划表。 2. 根据文章内容，完成分章节表格。 3. 用关键词写出自己的阅读感受
			第二章 忍耐的义务		
			第三章 死神的特效药		
	杀虫剂的严重后果	对自然	第四章 地表水和地下海	5天	
			第五章 土壤的王国		
			第六章 地球的绿色斗篷		
			第七章 不必要的大破坏		
			第八章 再也没有鸟儿歌唱		
			第九章 死亡的河流		
			第十章 无人幸免的天灾		

续表

步骤	内容		章节	时间规划	阅读反馈形式
通读全书之后，用对立关键词写一份书评	杀虫剂的严重后果	对人类	第十一章　超越波吉亚家族的梦想	4 天	1. 制作阅读计划表。 2. 根据文章内容，完成分章节表格。 3. 用关键词写出自己的阅读感受
			第十二章　人类的代价		
			第十三章　通过一扇狭小的窗户		
			第十四章　每四个中有一个		
	杀虫剂能力有限		第十五章　大自然在反抗	2 天	
			第十六章　崩溃声隆隆		
	出路		第十七章　另一条道路	1 天	
2. 确定探究主题，根据主题选择相关内容进行精读，完成阅读任务单				7 天	完成活动任务单
3. 收集整理小组阅读活动记录单，做成专题课件，修改并准备班级交流				7 天	专题课件与任务单

【阅读指导】

第一阶段：制卡读薄

1. 师生共同制订阅读计划表，每读完一章完成阅读积累卡。也可以根据自己的实际需要或兴趣自行安排阅读进度，只要保持阅读的连续性与完整性即可。

2. 本阶段主要采用浏览与提取关键词法进行阅读。

3. 快速浏览全书时，建议同时完成以下任务：

①把自己认为重要的语句或精彩的语段圈点勾画出来，在自己有疑问或有感触的地方做好标记。

②每读完一章，及时梳理主要内容，完成阅读积累卡。

4. 按照阅读进度完成相应的问题，检测一下自己的阅读效果。

学生阅读计划表

时间	章节	标题	主要内容页码	关键词
2022. 1. 5	第一章	明天的寓言	1-4	
2022. 1. 6	第二章	忍耐的义务	5-13	

续表

时间	章节	标题	主要内容页码	关键词
2022.1.7	第三章	死神的特效药	14-39	
……	……	……	……	……

阅读积累卡

阅读积累卡			
班级		姓名	
阅读书名		作者	
阅读章节		阅读时间	
主要内容			
本章关键词			
我最欣赏的句子			
我的阅读心情	😊 😐 ☹ 😠		

第二阶段：批注读厚

1. 根据自己的实际需要或兴趣自行安排阅读节奏，运用批注法进行精读。

2. 围绕感兴趣的专题，分小组进行阅读、交流，为后面的交流汇报做准备。可以选择老师提供的专题，也可以小组讨论自行确定研读专题。参考如下：

专题一：品味"科学中的艺术"

专题二：梳理杀虫剂的危害

专题三：探讨"生命哲学"

第三阶段：比读读深

1. 深入思考，完成《寂静的春天》活动任务单，分享阅读体验。

2. 小组合作，分享交流，提升阅读感受。

3. 在对《寂静的春天》的内容深入理解的基础上，进行一些拓展性的主题联读，推荐阅读描写"人与自然"关系的《沙乡年鉴》《人类的理想国》和《瓦尔登湖》，学生可以根据自己的阅读层次选择适合自己的作品进行阅读。要求快速阅读。读后思考：哪些主题是与《寂静的春天》的内容相关的？

《寂静的春天》活动任务单

活动任务一：不得不秀的创意

1981 年，美国邮政部在她的出生地宾夕法尼亚的斯普林格曾发行了一套"卡逊纪念邮票"。时隔几十年后的今天，斯普林格曾打算重新发行了一套"卡逊纪念邮票"，请你设计一枚邮票。

我的设计意图：

活动任务二：不得不琢磨的观点

阅读知乎网上关于《怎么评价〈寂静的春天〉一书的价值》的三篇评论，结合现实社会，你认为本书是环保主义的圣经还是毒药？

我认为是（　　　　），理由是：

活动任务三：不得不分享的感受

达尔文说："只有服从大自然，才能战胜大自然。"王尔德说："我们往往只欣赏自然，很少考虑与自然共生存。"人与自然的关系，各人都有自己的看法，下面三部作品都写到"人与自然"的关系，请选择其中一部结合小说内容谈谈你对"人与自然"关系的理解。

《老人与海》 　　　　《寂静的春天》 　　　　《沙乡年鉴》

我的观点：

我的阐述：

"寂静的春天"不寂静
——《寂静的春天》导读课

【导读目标】

1. 准确筛选信息，整体感知作品。
2. 学习"提炼关键词法"阅读方法，激发学生自主阅读《寂静的春天》的兴趣。
3. 通过学习，理解文本的社会价值，同时深刻反思环保问题。

【导读重点】学习"提炼关键词法"阅读方法，激发学生自主阅读《寂静的春天》的兴趣。

【导读重点】对环保问题的深刻认识和对文本社会价值的理解。

【导读过程】

一、视频导入

播放《朗读者第二季》非洲野生动物保护志愿者黄泓翔朗读的《寂静的春天》视频，黄泓翔为什么要选择这本书进行朗读？

二、常识·速览

【识作者】

雷切尔·卡森（1907-1964），美国生物学家、科普作家，是当代环保运动的先驱。1964年因癌症和遭受空前的诋毁、攻击而与世长辞。她在当代环保运动中所起的先驱般的作用，使她在环境保护主义者当中获得尊重。卡森说："人是自然的一部分，对抗自然就是对抗自己。"因而被称为"现代环保主义之母"。

【探背景】

大学二年级时，雷切尔·卡森读了必修课生物学，从此对森林、大海及形形色色的野生植物产生了浓厚的兴趣，于是，她就全身心地融进了这门学科。卡森在自己的学科研究中，耳濡目染人类对大自然的态度越来越不慎重，尤其是工业对环境造成的极大污染以及人们对草地、森林的滥垦乱伐，从此，她就精心投入了广泛收集人类损害自然资源的资料工作中。从1945年开始，卡森关注DDT等一系列杀虫剂的问题，她组织专家向美国农业部呼吁停止使用对自然有害的杀虫剂，否则小鸟将消失，春天将是一片寂静。1962年完成《寂静的春天》一书。这本书首次揭露了美国农业、商业界为追逐利润而滥用农药的事实，对美国不分青红皂白地滥用杀虫剂而造成生物及人体受害的情况进行了抨击，使人们认识到农药污染的严重性。

在卡森逝世6年后的1970年4月22日，美国掀起了一场声势浩大的群众性环境保护运动，当时有2000万人参加了这一活动。后来，随着世界各国的环境保护运动日趋扩大，人们就把每年的4月22日定为世界"地球日"，以此不断地提醒和加强世界各国人民保护环境的意识。《寂静的春天》成为环保主义的经典。人们对她这本书的评价是：如果没有这本书，环境运动也许会被延误很长时间，或者现在还没有开始。

三、整体·感知

读《寂静的春天》，准确筛选信息，整体感知文本内容。思考：

1. 解题：作者为什么将标题取名为"寂静的春天"，请结合全文分析。

春天本应是生机盎然的，这里的"寂静"是人类滥用化学药物杀死昆虫的同时，必将危及地球其他生物乃至人类的生存，最终导致春天里出现"鸟儿不再唱歌，鱼儿不再跳跃于水"毫无生机的、死气沉沉的可怕景象，作者借此以警告世人。

2. 速读《寂静的春天》一书，根据文章内容，完成分章节表格。

		章节	主要内容	关键词
提出问题		第一章　明天的寓言	一个虚构的城镇，由于人为原因笼罩在一片死寂之中	虚构的城镇　人为原因　死寂
		第二章　忍耐的义务		
		第三章　死神的特效药		
杀虫剂的严重后果	对自然	第四章　地表水和地下海		
		第五章　土壤的王国		
		第六章　地球的绿色斗篷		
		第七章　不必要的大破坏		
		第八章　再也没有鸟儿歌唱		
		第九章　死亡的河流		
		第十章　无人幸免的天灾		
	对人类	第十一章　超越波吉亚家族的梦想		
		第十二章　人类的代价		
		第十三章　通过一扇狭小的窗户		
		第十四章　每四个中有一个		

续表

	章节	主要内容	关键词
杀虫剂能力有限	第十五章　大自然在反抗		
	第十六章　崩溃声隆隆		
出路	第十七章　另一条道路		

四、文本·层析

再次浏览《寂静的春天》和美国副总统阿尔·戈尔撰写的"前言",小组合作探究,寻找文本的对立面,用两个词语表达。

1. 思考问题：我找的一组对立词语是什么？作者借这种"对立"传达什么？

2. 知者加速：完成的同学试着再找出一组对立词语。

例：谨慎与勇气。作者蕾切尔·卡森凭借着两种决定性力量：谨慎地遵循真理和超凡的个人勇气面对当时的各种声音,她反复地推敲过《寂静的春天》的每一个段落,这些年来的研究已经表明,她的种种警告都是有不及而无过之。她的勇气和远见卓识已使她远远超出了她挑战那些强大而又高额盈利的工业界的初衷。

学生可能生成的答案：赞成与反对、同情与憎恶、掩盖与唤醒、理性与感性等。

教师小结：我也想用"喧闹与寂静"一组词表达我的想法。人类滥用化学药物杀死昆虫的同时,必将危及地球其他生物乃至人类的生存,最终导致春天里出现"鸟儿不再唱歌,鱼儿不再跳跃于水"毫无生机的、死气沉沉的可怕景象。但《寂静的春天》一经出版就犹如在社会上投下了一枚重磅炸弹,触发了美国全国范围内关于化学杀虫剂污染问题的旷日持久的大讨论。用"争议"这个词形容《寂静的春天》简直是太含蓄了,这本书引发的大讨论可以用"战争"来形容,而且随着时间的推移,硝烟味越来越重。出版十年之后,它的出现历经了风风雨雨,一点儿也不寂静。

五、课后作业

用你的对立关键词为题,为《寂静的春天》写一份书评,并发表在豆瓣网上进行共享与相互评论。

探寻艺术中的科学

——《寂静的春天》研读课

【研读目标】

1. 掌握"跳读与精读"阅读方法,培养良好阅读习惯。

2. 通过精彩片断的研讨品读,掌握科学小品文"科学性"的文体特质。

3. 通过本文的学习,体味文章作者对大自然的虔诚态度,学习雷切尔·卡森敢于质疑与批判的科学精神。

【研读重点】通过精彩片断的研讨品读,掌握科学小品文"科学性"的文体特质。

【研读难点】体味作者对大自然的虔诚态度,学习雷切尔·卡森敢于质疑与批判的科学精神。

【研读过程】

一、《三体》情节导入

刘慈欣的长篇科幻小说《三体》中写道:"叶文洁翻开书,很快被吸引住了,在短短的序章中,作者描述了一个在杀虫剂的毒害下正在死去的寂静的村庄,平实的语言背后显现着一颗忧虑的心。"这本书就是《寂静的春天》,叶文洁看了本书之后不寒而栗,陷入恐惧的深渊推论。本书的哪些方面让她心生这样想法,让我们走进《寂静的春天》的第二章《忍耐的义务》和第十七章《另一条道路》片断,窥一管而见全貌。

二、感知科学态度

【知文体】

科学小品:用小品文的笔调,借助某些文学写作手法,将科学内容生动、形象地表达出来。它用文学笔法来写,融科学性、知识性、趣味性、娱乐性为一体,使读者在文学欣赏中获得科学知识。

【解数据】

跳读《第二章 忍耐的义务》,搜寻与数据有关的句子,说说这些数据的作用。例:

1. 单是在美国,每一年几乎有五百种化学合成物在实际应用上找到它们的出路。

2. 人和动物的身体每年都要千方百计去适应五百种这样的化学物质,而这些化物质完全都是生物未曾经验过的。

3. 这些化学物质中有许多应用于人对自然的战争中，从 19 世纪 40 年代中期以来，200 多种基本的化学物品被创造出来用于杀死昆虫、野草、啮齿动物和其他一些用现代俗语称之为"害虫"的生物。

4. 单美国植物引进局就从世界各地引入了几乎 20 万种植物。在美国将近 90 种植物的昆虫敌人是意外地从国外进口带过来的，而且大部分就仿佛徒步旅行时常搭乘别人汽车的人一样乘着植物而来。

5. 在自从人类出现后的这段时间里，50 多万种昆虫中的一小部分以两种主要的方式与人类的幸福发生了冲突：一是与人类争夺食物，一是成为人类疾病的传播者。

小结：作者以精确的调查数字和翔实的科学资料，更以她那严谨求实的科学情怀、熠熠闪光的批判精神，论证和揭露了 DDT 等化学药物对生态环境的严重破坏，以及工业时代的化学药剂对人类生存环境的严重损害，确证了"明天的寓言"中"猜想"和"假设"的毋庸置疑。

三、探寻科学精神

1. 《第二章　忍耐的义务》中艾伯特·史怀哲所说："人甚至连自己创造的魔鬼都认不出来"，这里的魔鬼是谁？（化学药品）细读《忍耐的义务》的第二段，结合后面章节，简要阐述 DDT 等农药有什么危害？

例：第四章《地表水和地下水》写到 DDT 等杀虫剂通过各种途径渗透到水中，造成水体污染。各种化学物质在水中发生的化学反应加剧污染。而水循环恶化扩散了污染，再通过食物链积累循环，使其危害无所不在。

【链接材料】DDT 与《寂静的春天》

1934 年瑞士化学家 Paul Muller 发现农药 DDT 对害虫有毒，对哺乳动物的毒性较低，对人体的 LD50 为 113mg/kg。

1943 年 DDT 运用于商业化生产。

1948 年 Paul Muller 因为 DDT 的发现而获得了诺贝尔奖。

1962 年 Rachel Carson 写了《寂静的春天》。

1970 年 EPA 成立。

1972 年 DDT 被 DPA 禁用。

2. 作者只是质疑与批判 DDT 等杀虫剂吗？还批判了什么？细读第二章和第十七章片断，小组合作探究，找出语句说说你的看法。

例:"'控制自然'这个词是一个妄自尊大的想象产物,……这真是我们的巨大不幸。"从这段话可以看出,卡森首次对"人类中心主义价值"观这一意识的正确性提出了挑战和质疑。一直以来,人类中心主义价值观是支配人类文明进程的主导意识。这种价值观在改变人与自然的原始关系,提升人与自然平等地位上曾产生了重要作用。随着近代科学技术的飞速发展和人的地位不断膨胀,人类中心主义价值观却已成为破坏人与自然的整体关系、危害人类自身生存的一种力量。卡森警示人们,以人类中心主义价值观所引领的人对自然的改造,会把人自身引向日益恶化的生存之境。

【链接材料】

学会质疑,就找到了探求知识的路径。

——西蒙斯〔英〕

科学上危害最大的莫过于舍弃批判的态度,代之以轻信佐证不足的假说。

——贝弗里奇〔英〕

小结:卡森在《寂静的春天》中承袭了科学的质疑与批判精神,对现实的人类生态环境及其有关的理论观念进行了颠覆性的审美表达,呈现出极强的审美震撼力。卡森对人们依赖和使用 DDT 等农药的科学性、对科技主义的权威性、人类中心主义价值观的正确性提出了质疑和批判。科学之为科学,它的本质就在于质疑、批判,质疑与批判是科学的生命和基本精神。

四、感受科学家的执着

魔鬼? PK 天使?

《寂静的春天》的问世,犹如旋风一般卷动着生活的海洋,立刻在美国社会激起强烈的反响,各种评论作家的声音接踵而来,面对魔鬼和天使截然不同的声音,你想说什么?

魔鬼声音:"自然的女祭司""没有科学的黑暗的中世纪,使害虫和疾病重新肆虐于人间""是恶魔,是导致非洲数十万人死于疟疾的罪魁祸首,比希特勒杀的人还要多。"

天使声音:"……她创造出了一股已不退落的环境意识潮流。""卡逊小姐,您就是引发这一切的那个小女人了。""对蕾切尔·卡森的攻击,可与当年对出版《物种起源》的达尔文的恶毒诽谤相比。"

——美国前副总统戈尔

我的声音:

小结:面对所有的非难和病痛的折磨,卡森表现出一个科学家不屈不挠的坚定信念和奋发忘我的执著精神。她说，我们必须尝试着去拯救这生命世界的美丽；如果连尽力而为的尝试都不做，那我们面对自然将永无幸福可言！正因为此，她敢于直面DDT等化学药品对生态环境破坏的严峻现实，敢于直面依仗权势的政府官员和财大气粗的工商界巨头，置身于是非的漩涡之中，不顾自己的安危，全力保护人类的生态环境；也正因为此，才使她的作品具有强烈的现实颠覆性和艺术震撼力。

卡森是一位用灵魂和良知写作的人，她的创作给我们的启示是：文学家要有崇高的使命感和责任感，文学要有科学的批判精神，文学创作也需要同科学联姻。理解科学需要艺术，而理解艺术也需要科学。

五、课后拓展

1. DDT的发明者米勒获得了1984年的诺贝尔生理与医学奖，颁奖词中说："……出人意料地、戏剧性地突发转机，DDT成为力挽狂澜的角色。"

假如撰写《寂静的春天》一文的卡森获得诺贝尔文学奖，颁奖词该怎么写？结合其作品特征，为她写一段颁奖词。

2. 网上阅读《寂静的春天》知识加油站，以科学的态度针对目前的生态环境写一篇600字左右的文章。

①http：//my.tv.sohu.com/us/201904335/69074836.shtml 视频"淮河水污染：沈丘县一年癌症死亡两千人"

②http：//news.china.com.cn/live/2014-09/04/content_28594188_2.htm 不用农药的蔬菜如何生产——走进循环有机生态基地

③《地球上的十大环境祸患》PPT

④《关于环境保护的一些节日》

观点争锋

——《寂静的春天》活动展示课

【活动目标】

1. 培养学生的概括能力和口头表达能力。
2. 进一步理解《寂静的春天》的主要内容，对文章主题有自己的评价。
3. 由一本书走向一类书，形成主题联读。

【活动重点】进一步理解《寂静的春天》的主要内容，对文章主题有自己的评价。

【活动难点】由一本书走向一类书，形成主题联读。

【活动过程】

一、导入新课

播放《穹顶之下》

二、活动任务一：设计邮票

1981年，美国邮政部在她的出生地宾夕法尼亚的斯普林格曾发行了一套"卡逊纪念邮票"。时隔几十年后的今天，斯普林格曾打算重新发行了一套"卡逊纪念邮票"，请你设计一枚邮票。

任务要求：

1. 组内成员之间交流，推荐一名最佳设计者。

2. 设计者说明设计意图。

3. 其他成员讲述推荐理由。

4. 其他组成员倾听与质疑。

三、活动任务二：观点碰撞

阅读知乎网上关于《怎么评价〈寂静的春天〉一书的价值》《环保主义者的圣经？还是毒药？》《〈穹顶之下〉（雾霾调查纪录片）与〈寂静的春天〉的相似之处有哪些，是否有相似的影响力？》的三篇评论文章，结合现实社会，你认为本书是环保主义的圣经？还是毒药？

任务要求：

1. 组内交流各自观点，选择最佳发言者。

2. 小组代表分享讨论结果。

3. 同观点小组同学相互补充，不同观点的小组代表可提出质疑。

四、活动任务三：主题阅读

达尔文说："只有服从大自然，才能战胜大自然。"王尔德说："我们往往只欣赏自然，很少考虑与自然共生存。"人与自然的关系，各人都有自己的看法，下面三部作品都写到"人与自然"的关系，请选择其中一部结合小说内容谈谈你对"人与自然"关系的理解。

| 《老人与海》 |  《寂静的春天》 | 《沙乡年鉴》 |

五、活动任务四：课后作业

课外阅读"人与自然"经典名著《人类的理想国》或观看电影《少年派的奇幻漂流》。

老人与海

——【美】欧内斯特·米勒·海明威

一、作品介绍

【内容简介】

《老人与海》创作于1951年，是美国现代小说家海明威最为重要最为著名的作品，同时也是海明威生前发表的最后一部小说。小说讲述了一个古巴老渔夫的传奇故事，详细诉说了一个男人在衰老、波折和敌人等诸多困境之中的战斗经历。凭借《老人与海》的伟大成功，海明威相继于1953年和1954年分别获得美国普利策奖和诺贝尔文学奖。

小说的故事发生在20世纪中期的古巴。风烛残年的老渔夫桑地亚哥曾是优秀的斗士和渔民，但流年不利的他已经一连八十四天出海都颗粒无收，几乎都快饿死了。同村的所有人都在嘲笑和奚落桑地亚哥，唯有小男孩马诺林关心照料他并坚信桑地亚哥能够重振雄风，钓上大鱼。桑地亚哥也没有向现实低头，他以饱满的斗争精神继续坚持，终于在第八十五天上钩了一条重达一千五百磅，身长十八英尺的大马林鱼。小说的高潮也由大马林鱼与桑地亚哥的战斗展开。大鱼拖着小船吞波饮浪，深入大海中心。但即使在没有食物和饮水，没有武器与帮手，甚至左臂抽筋、疼痛加剧等极端恶劣的困境之中，老人仍然死死拽住大鱼，以非凡的坚毅精神与大鱼缠斗了两天两夜，并终于俘获大鱼。返程中大鱼被许多鲨鱼袭击，虽老人奋起反击，但战利品终被掠食殆尽，到岸时只留有一副鱼骨架。老人回到家中，只好从梦中追寻往昔的壮阔岁月。

这部小说集中表现了一种奋斗的人生观，即使面对不可征服的困难，高昂的斗争精神也能保证人在精神上立于不败之地。正如作者所言："一个人可以被毁灭，但永远不可以被打败。"因此桑地亚哥也可以被视作为海明威的精神化身。

【作者简介】

欧内斯特·米勒·海明威（Ernest Miller Hemingway，1899年7月21日—1961年

7月2日），美国小说家、诺贝尔文学奖获得者。他因成名作长篇小说《太阳照常升起》而被斯坦因称为"迷惘的一代"。重要的作品有反映第一次世界大战的长篇巨著《永别了，武器》、描写美国与古巴之间海上走私活动的小说《有钱人和没钱人》、以美国人参加西班牙人民反法西斯战争为题材的长篇小说《丧钟为谁而鸣》，还有《非洲的青山》、剧本《第五纵队》等。

他曾与许多美国知名作家和学者捐款支援西班牙人民正义斗争。1941年偕夫人玛莎访问中国，支持我国抗日战争。他3次以记者身份亲临前线。战后客居古巴，潜心写作。1952年，《老人与海》问世，深受好评，翌年获普利策奖，1954年获诺贝尔文学奖。

卡斯特罗掌权后，他离开古巴返美定居。因身上多处旧伤，百病缠身，精神忧郁，1961年7月2日用猎枪自杀。海明威去世后发表的遗作，主要有：《岛在湾流中》（1970）和《伊甸园》（1986）。

【创作背景】

《老人与海》取材于古巴老渔民格雷戈里奥·富恩特斯的真实故事。二十世纪二十年代末期，海明威移居古巴，结识了当地众多的底层劳动者。1930年，海明威所乘的船只遇上暴风沉没，富恩特斯驾船搭救了海明威，从此二人结下深厚的友谊，并经常结伴出海捕鱼，交换自己的人生经历。

1936年，富恩特斯驾小渔船出海很远捕到了一条大鱼，但由于这条鱼实在太大，小船无法装载，只能在海上拖行，结果在返航途中被鲨鱼袭击，抵港时大鱼只剩一副骨架。这件事让海明威触动极大，他觉察到这是很好的小说素材，只是一直没有时机构思，直到1950年的圣诞节前后，海明威才终于觉得时机成熟，伴随着高涨的创作欲，他在哈瓦那市郊那座曾诞生海明威诸多作品的别墅"观景社"里，用两个月的时间完成了《老人与海》（初名《原有的海》）初稿。1952年公开发表后引起轰动，连作者本人都承认这是他"这一辈子所能写得最好的一部作品"。

【叙事手法】

1. 直缀式结构

不同于以往课内短篇小说选取一个生活的横切面进行精雕细琢来呈现某些经典的人生困境，《老人与海》采用了经典的直缀式结构叙述。在马诺林和众人的对话中大量铺垫桑地亚哥的困境，随即将场景切换至辽阔深远、危机无限又隐含希望的大海之上。紧接着桑地亚哥的对手——上场，把一系列情节的发展按自然的时空顺序安设在几天之内。这样的"裁剪"方式，撇开了冗长无趣的重复挑战，只着重选取惊心动魄给人以强烈冲击的和富有丰富象征意义的素材。让读者自行联想老人与大海，老人与大鱼恶鱼等激烈的搏斗，从而表现作者笔下壮士穷途的壮烈悲情和硬汉抗争的优雅风度。

2. 轮辐式布局

紧凑的人物关系也是《老人与海》的一大特色。围绕着桑地亚哥一个核心，以老人出海捕鱼空手归来为引子，交代周围环境和次要人物与老人的联系——小男孩马诺林，是他最忠实的支持者与信徒；一对自私冷漠的父母；一群敬重他，却从不曾理解他的渔民；还有一个关心照顾他的酒店老板。这些次要人物所组成的故事背景，既各自推动着故事情节的展开，又无一不在明示着桑地亚哥的独特与可贵。

3. 张弛有度的叙述节奏

海明威在论述写作节奏时曾这样说："书启动时比较慢，可是逐渐加快节奏，快得让人受不了，我总是让情绪高涨到让读者难以忍受，然后稳定下来，免得还要给他们准备氧气棚。"《老人与海》就是这种叙述节奏的经典代表。小说伊始在交代老人与周围人的关系时，娓娓道来，速度舒缓；而随着老人出海进程的展开，速度也逐渐加快着；当桑地亚哥与大马林鱼、鲨鱼激烈搏斗时，叙述节奏达到了最快。尤其是鱼在不断的挣扎，起伏波动，鲨鱼在猛烈的进攻，老人很疲惫的情况下，读者情绪高涨，紧紧地替老人捏一把汗。

二、导读攻略

1. 核心情节梳理

	攻击者	数量	作战工具	结局
第一次	鲭鲨	1条	鱼叉	杀死鲭鲨，丢了鱼叉和四十磅鱼肉
第二次	星鲨	2条	绑着刀子的桨	杀死两条鲨鱼，丢了四分之一的鱼肉
第三次	犁头鲨	1条	绑着刀子的桨	杀死犁头鲨，刀子折断
第四次	星鲨	2条	短棍	两条星鲨受伤，大鱼半个身子都被咬烂了
第五次	鲨鱼	成群结队	短棍、舵把、桨把	老人被打败，大鱼只剩残骸

2. 重点阅读点拨

（1）故事梗概

小说的主人公桑地亚哥已八十四天未捕到鱼了，在第八十五天，他又一个人出海远航，在海上经过三天两夜的搏斗，终于捕到了一条一千五百多磅的大马林鱼。然而，在归航途中，马林鱼却被鲨鱼吃掉，只剩下一副巨大的骨架。老人与鲨鱼搏斗的情景，是小说情节的高潮。

（2）文章结尾部分老人的心理状态

直面失败的现实，不怨天尤人；不服输，渴望再次出海搏击；十分劳累，希望得到休息。

（3）分析文中的心理描写，谈谈老人的性格特点

知道巨大的挑战即将来临，并且也知道很有可能会失败，但他仍然勇敢地选择奋力拼搏，要斗争到死。他孤立无援却充满乐观精神，有一种勇往直前，决不服输的勇气；在受伤以后，在武器受损的情况下仍强烈地渴望胜利；他热爱广袤的大海，敬畏充满力量的生命。

感受战士之志

——《老人与海》导读课

【导读目标】
1. 粗略梳理小说情节。
2. 根据阅读提示，学习通过分析重复的语言现象阅读中篇小说。

【导读重点】分析狮子形象，设计老人与狮子的对话。

【课前准备】观看《老人与海》动画（1999年彼得洛夫执导）

【导读过程】

一、直接导入

同学们，今天我们所讲的是一类相对特殊文体的代表——《老人与海》。从文体上讲，显然属于我们熟悉的小说类文本；从篇幅上讲，全文四万字左右，略多于短篇小说字数范畴，勉强能够称得上中篇小说。

不同于长篇小说有宏大的叙事、精致的细节、庞杂的人物关系等特点，中篇小说往往只呈现相对独立而完整的一个生活场景，因此，线索与矛盾也较简明，语言凝练不拖沓。

二、文本粗知

既然此类小说的线索与矛盾简明，而许多同学已经在小学阶段阅读过这篇小说，那请同学们试着将小说的故事情节简要说明。

关键词：老人、打渔、两个多月、独自、鲨鱼、搏斗、骨架等。

整理：

开端	连续84天没有捕到鱼
	再次独自出发
发展	中午大鱼吞了鱼饵
	大鱼拖着小渔船一路向东
高潮	老人追捕大鱼。他缺少食物，右手受伤，左手抽筋，小船随时被大鱼拽翻。但他穷追不舍，以惊人的毅力、经验拖垮大鱼，全程历时两天两夜
	回程中遭遇多次鲨鱼袭击。疲倦的老人为保卫自己的劳动果实，和各路鲨鱼战斗，但最终大鱼的肉被鲨鱼掠夺干净
结局	拖着大鱼的骨架回港
	渔港的人们看见大鱼骨架的不同反应

三、方法贴士

如同学们所说，中短篇小说因为字数所限，情节简单，语言精练。

但在本文中，有不少作者反复提及的事物。比如说狮子，在文中被四次提到：

第一次是老人出海前躺在自己的床上梦到狮子。

第二次是他反问自己"为什么狮子是我留在脑子里一件主要东西呢？"

第三次他在船上梦见了狮子。

最后一次是小说的末尾："老人正梦见狮子。"

作为一个语言风格简明利落的作家，海明威不惜笔墨，反复提及这个动物必然是别有用意的。

同学们试结合上环节表格，猜想这只贯穿小说始终的狮子意味着什么？

【引导】将狮子的直观形象与故事情节相关联

狮子形象的直观感受：凶猛、高贵、勇敢、孤傲等。

老人经历：勇者的独行、历经磨难、战胜困难等。

【思考】你觉得老人的这几场梦里，会与狮子如何交流呢？试设计老人与狮子的对话。

渴求力量/自证强大→自我质疑/寻求鼓舞→老朋友式的分享/满足的骄傲

【总结】在阅读这类文本时，我们需要有意识地关注文中的重复语言，并结合故事情节分析这些重复语言背后的意味。

四、作业

1. 摘记文中的重复语言，并结合故事情节分析其作用。

2. 文中在刻画人物形象时，使用了大量的内心独白，请同学们将五次搏斗前后的老人内心独白找出来并批注。

触摸战士之心
——《老人与海》研读课

【研读目标】
1. 通过对精彩语段的品评，体会重复的内心独白与场景刻画对小说人物的塑造效果。
2. 了解象征手法在小说中的运用。

【研读重点】分析小说语言；把握象征手法。

【研读过程】

一、文本研习

交流上节课课后作业。

【预设】

他们在海里走得很顺当，老头儿把手泡在咸咸的海水里，想让脑子清醒些。头上有高高的积云，还有很多的卷云，所以老头儿知道还要刮一整夜的小风，老头儿不断地望着鱼，想弄明白是不是真有这回事。他不断地看看大鱼，要确定它真正存在。这时候是第一条鲨鱼朝他扑来的前一个钟头。

鲨鱼的出现不是偶然的。①当一大股暗黑色的血沉在一英里深的海里，然后又散开的时候，它就从下面水深的地方蹿上来。它游得那么快，什么都不被它放在眼里，一冲出蓝色的水面就沐浴在阳光下。然后它又钻进水里去，嗅出了踪迹，开始顺着船和鱼所走的航线游来。

……

②"老头儿用鱼叉攮到鲨鱼头上的时候，他听得出那条大鱼身上皮开肉绽的声音。"

……

鲨鱼在海里翻滚过来。老头儿看见它的眼珠已经没有生气了，但是它又翻滚了一下，滚得自己给绳子缠了两道。老头儿知道它是死定了，鲨鱼却不肯承认。接着，肚皮朝上，尾巴猛烈地扑打着水面，两颗格崩格崩地响着，像一只快艇一样在水面上破浪而去。海水给它的尾巴扑得白浪滔天,绳一拉紧,它的身子四分之三就脱出了水面,那绳不住地抖动,然后突然扎断了。老头儿望着鲨鱼在水面上静静地躺了一会儿,后来它就慢慢地沉了下去。

[段解] 第一部分(开头—后来它就慢慢地沉了下去),老人第一次与一头鲨鱼的搏斗。这一部分,以鲨鱼的巨大勇猛来衬托老人的勇敢,一个高大的形象就在与鲨鱼的搏斗中刻画出来了。

1. [点评] 本句从语言表达上看有什么效果?

这段描写没有一个比喻句和形容词,但鲨鱼的凶猛、快捷,形势的紧迫却立刻展示在读者面前,清新洗练的叙述文字和反复锤炼的日常用语,使人读来有身临其境之感。

2. [点评] 这种描写有什么好处?

这里本来都是老人的所见所闻,但读者读来便会过电一般油然而生出同样的感觉,同惊惧,同紧张,同喜悦。海明威善于从感觉、视觉、触觉着手去刻画形象,而且很少直接表露感情,由读者自己去体会。这也是这篇小说的场景描写如此震撼人心的一个重要原因。

"它咬去了大约四十磅,"老头儿高声说。他想:它把我的鱼叉连绳子都带去啦,现在我的鱼又淌了血,恐怕还有别的鲨鱼会窜来呢。

……

"可是人不是生来要给人家打败的,"他说,"人尽可被毁灭,可是不会肯吃败仗的。"他想:不过这条鱼给我弄死了,我倒是过意不去。现在倒霉的时刻就要来到,我连鱼叉也已经丢啦。"Dentuso"这个东西,既残忍,又能干,既强壮,又聪明。可我比它更聪明。也许不吧,他想。也许我只是比它多了个武器吧。

……

风在不住地吹,稍微转到东北方去,他知道,这就是说风不会减退了。老头儿朝前面望了一望,但是他看不见船上冒出来的烟。只有飞鱼从船头那边飞出来,向两边仓皇地飞走,还有的就是一簇簇黄色的马尾藻。他连一只鸟儿也看不见。

[段解] 第二部分("它咬去了大约四十磅"~他连一只鸟儿也看不见),写老人杀死一条鲨鱼之后的心理活动。

3. [鉴赏] 老人为什么说:"可是一个人并不是生来要给打败的","你尽可把他消灭掉,可就是打不败他"?

这句话是桑地亚哥的内心独白,也是小说的核心精神,它生动地揭示了桑地亚哥的内心世界和人生追求，也是作者海明威的思想观与价值观的反映。这句话意味着，人生的使命是奋斗，是与命运做不懈的抗争。人生下来虽然面临种种自然与社会的挑战，也许这些挑战强大到足以把人的肉体消灭，但一个人只要保持旺盛的斗志和在任何艰难险阻面前不屈服的精神，人就永远是胜利者。小说中的老渔夫桑地亚哥虽然最终没能保住大马林鱼，但在与鲨鱼搏斗的过程中，他表现出无与伦比的力量和勇气，不失人的尊严，是精神上的胜利者。

他已经在海里走了两个钟头，在船梢歇着，有时候嚼嚼从马林鱼身上撕下来的肉，尽量使自己好好休息一下，攒些儿力气，这时他又看见了两条鲨鱼中间的第一条。

……

他想：我现在还有什么事儿可想呢？没有。什么也别去想它，只等着以后的鲨鱼来到吧。我希望这真是一场梦，他想。但是谁晓得呢？也许结果会很好的。

[段解] 第三部分（他已经在海里走了两个钟头——也许结果会很好的），写老人与两条星鲨的搏斗。

在与两头鲨鱼的较量中，我们看到了老人的智慧与勇敢。这一部分的描写与第一部分一样都是详写，从鲨鱼出现写起，写了与鲨鱼搏斗的整个过程，也写了搏斗之后的老人的心理状态。我们注意到老人还是个乐观主义者：什么也别去想它，只等着以后鲨鱼来到吧。

4. [鉴赏] 本部分中的独白有什么特点？在文中起什么作用？

人物的内心独白，它们忠实地记录了桑地亚哥的内心活动，写出他在海上漂泊的这几天的心态，通过自由联想的方式，真实地再现了老人的思想与感受。这些内心独白不仅深刻揭示了主人公那内心的自豪感、坚毅以及寻求援助的孤独感，而且闪烁着深邃丰富的哲理光彩，丰富了小说的思想，构成小说的重要特色。

下一个来到的鲨鱼是一条犁头鲨。它来到的时候就活像一只奔向猪槽的猪，如果一只猪的嘴有它的那么大，大得连你的头也可以伸到它嘴里去的话。老头儿先让它去咬那条死鱼，然后才把绑在桨上的刀扎进它的脑子里去。但是鲨鱼一打滚就往后猛地一挣，那把刀子喀嚓一声折断了。

老头儿只管去掌他的舵，连看也不看那条大鲨鱼，它慢慢地沉到水里去，最初还是原来那么大，然后渐渐小下去，末了只有一丁点儿了。这种情景老头儿一向是要看得入迷的，可是现在他望也不望一眼。

"我还有鱼钩呢，"他说。"但是那没用处。我有两把桨，一个舵把，还有一根短棍。"

他想：这一回它们可把我打败了。我已经上了年纪，不能拿棍子把鲨鱼给打死。但是，只要我有桨，有短棍，有舵把，我一定要想法去揍死它们。

他又把手泡在水里。这时天色渐渐地向晚。除了海和天，什么也看不出来。天上的风刮得比先前大些，马上他就希望能够看到陆地。

"你累乏啦，老头儿，"他说。"里里外外都累乏啦。"

直到太阳快落下去的时候，鲨鱼才又向他扑来。

［段解］第四部分（"下一个来到的鲨鱼是一条犁头鲨"——"鲨鱼才又向他扑来"），与犁头鲨的战斗。

这一部分是略写，重点不是写老人与鲨鱼的搏斗，而是写杀死那头犁头鲨之后老人的自言自语。

老头儿看见两个褐色的鳍顺着死鱼的水里所不得不造成的那条宽阔的路线游着。它们甚至不去紧跟着鱼的气味，就肩并肩地直朝着小船扑来。

……

他想：我没指望再把它们弄死了。当年轻力壮的时候，我会把它们弄死的。可是我已经叫它们受到重伤，两条鲨鱼没有一条会觉得好过。要是我能用一根垒球棒，两只手抱住去打它们，保险会把第一条鲨鱼打死。即使现在也能行。

通过这惨烈悲壮的搏斗场景，通过老人充满自信的心理语言的独白，将桑提亚哥勇敢拼搏的精神表现得淋漓尽致，展现出一位永不屈服的硬汉子的形象。

［段解］第六部分（"他不愿再朝那条死鱼看一眼"——"我多么希望我不必再跟它们斗呀"），写筋疲力尽的老人的心理活动。

5. ［点评］这些心理活动体现了什么？

这些内容主要是写浑身是痛的老人的自言自语，一方面老人希望快快回到家里，"我会看见从新海滩上射出来的灯光"；一方面想起了生活在那个地方的人可能为自己担心，尤其是那个小孩；一方面又鼓足勇气，"我要跟它们斗到死"；一方面它又不希望和鲨鱼斗。这些心理活动与第二部分相似，但更侧重于写老人的希望。

可是到了半夜的时候，他又跟它们斗起来，这一回他知道斗也不会赢了。它们是成群结队来的，他只看到它们的鳍在水里划出的纹路，看到它们扑到死鱼身上去时所放出的磷光。他用棍棒朝它们的头上打去，听到上下颚裂开和它们钻到船下面去咬鱼时把船晃动的声音。凡是他能够感觉到的，听见的，他就不顾一切地用棍棒劈去。他觉得有什么东西抓住了他的那根棍，随着棍就丢掉了。

……

他知道他终于给打败了,而且一点补救的办法也没有,于是他走回船梢,发现舵把的断成有缺口的一头还可以安在舵的榫头上,让他凑合着掌舵。他又把麻袋围在肩膀上,然后按照原来的路线把船驶回去。现在他在轻松地驶着船了,他的脑子里不再去想什么,也没有感觉到什么。什么事都已过去,现在只要把船尽可能好好地、灵巧地开往他自己的港口去。夜里,鲨鱼又来咬死鱼的残骸,像一个人从饭桌子上捡面包屑似的。老头儿睬也不睬它们,除了掌舵,什么事儿都不睬。他只注意他的船走得多么轻快,多么顺当,没有其重无比的东西在旁边拖累它了。

[点评] 第七部分("可是到了半夜时候"——"没有其重无比的东西在旁边拖累它了"),与群鲨的搏斗。这一部分写得相当精彩,作者把老人与鲨鱼搏斗的过程刻画得细致入微,有心理,有语言,有动作;有信心,有勇气,有毅力,有思想。一个可爱的老人的形象展现在读者面前。

二、读有所思

海明威的"冰山理论"。

"冰山在海里移动很是庄严宏伟,这是因为它只有八分之一露在水面上。"

冰山漂浮在海面上的时候,我们只能看到它露出水面的一小部分,可是在水下,却潜藏着巨大的山体。海明威以此比喻写作:作家有八分之七的思想感情是蕴藏在文字背后的,真正通过笔端表现出来的,只有八分之一。如果作家能够处理好这一点,读者就能强烈地感受到这八分之一的象征意味。

根据图表,小组讨论,这些文中形象的背后意味着什么?海明威是如何"塑造冰山"的?

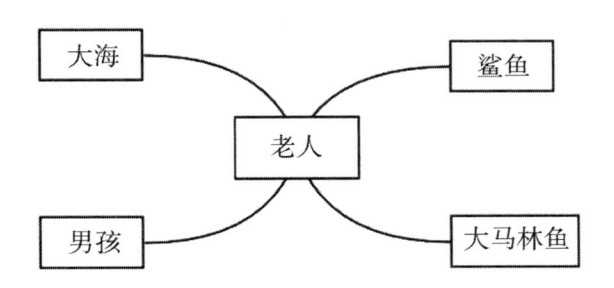

```
   大海 ─────┐   ┌───── 鲨鱼
            │   │
            老人
            │   │
   男孩 ─────┘   └───── 大马林鱼
```

【预设】

1. 大海——人生竞技场的象征

在《老人与海》中,大海被描写成一位女性形象、细腻深沉,在老人捕鱼的过程中,大海呈现出安详、宁静、祥和、波澜不惊的状态;在老人和鲨鱼搏斗时,大海仍旧是那种自信、缓缓流动的状态。作品中的大海尽管表面看是温柔的,但内心却蕴含着无穷无尽的力量。在小说中，大海象征着真正意义上的强者，既有着非凡的毅力和顽强的精神，同时又具有无比深厚的内涵。

2. 老人——人类顽强意志力的化身

这部小说中的主人公，是一位真正的硬汉，他能勇敢地接受命运一次又一次的挑战，敢于在艰难困苦的环境中，不屈不挠、顽强抗争。怀抱坚定的信念，即便在连续 84 天没有捕到鱼的情况下依然能够坚守。圣地亚哥用自己的实际行动向世人宣告：被摧毁的只能是人的肉体，人的精神是屹立不倒、永远都打不垮的。在小说中，圣地亚哥象征着不屈不挠、顽强乐观的人类精神。

3. 小孩——人类生存状态的象征

曼诺林是小说中的另一个小主人公，他一直以来都和孤苦伶仃的老人相依为命。在孩子眼中，老渔翁不管捕没捕到鱼，都是他心中最好的渔人。无论捕鱼的技巧，还是捕鱼的品质都是一流的，无人能够匹敌的。捕鱼的结果并不能说明什么，仅仅是对人的能力的一种肯定而已。而这种观点，和老渔翁对自己的看法，恰恰是两种对立的观点，所以从某种程度上说，老渔翁和小孩象征着人的正反两个方面，预示着在理想和现实之间，人的犹豫和徘徊、难以抉择，小孩曼诺林的离开，也正是这种思想不断斗争的最终结果。

4. 大马林鱼——美好理想的象征

在小说中，大马林鱼是光荣的象征。从现实出发，一个年老体衰的渔夫能捕获到如此硕大无比的大马林鱼，本身就是一件令人荣光的事情。但老渔夫对鱼确是无比的喜爱和崇尚，不但没有丝毫的敌意，反而将对手当成朋友和兄弟看待。所以在整个与大马林鱼搏斗的过程中，他自始至终都深怀喜爱和敬佩之情，甚至在最终战胜对手时，他也不免为对手扼腕叹息。在小说的寓意和老人的心中，大马林鱼一直象征着一种理想的事物，一种美好的目标和追求。预示着在人类漫长的旅途中，会经历种种的磨难和痛苦，但只要人们怀有坚定的信念，依靠顽强的毅力和不懈的追求，最终一定会战胜艰难困苦，创造生活的奇迹。

5. 鲨鱼——邪恶力量的象征

鲨鱼在小说中，是各种邪恶势力的化身，代表着一种破坏性的力量。它是对人们实现各种理想和目标的阻挠。海明威笔下的圣地亚哥，虽然仅仅是一个渔人的身份，但他却代表了那种在社会最底层苦苦挣扎的穷苦百姓的形象。而鲨鱼则是殖民主义者的化身，通过正反两个形象鲜明的对比和塑造，预示了古巴人民为了争取自由和解放，同邪恶势力所做的不屈不挠的斗争，这样也更进一步凸显了真正硬汉的个性。

【总结】象征的手法，硬汉的形象。

桑提亚哥打鱼的生涯实际上就是人生的象征，小说中的大海和鲨鱼象征着与人作对的社会与自然力量。老人是充满自信、崇尚强者的，他要钓上大鱼，实现自己追求的目标，就要与鲨鱼斗争，"要跟它们斗到死"，即使是丢了鱼叉折断了刀子，他仍然信心百倍："这一回它们可把我打败了。我已经上了年纪，不能拿棍子把鲨鱼打死。但是，只要我有桨，有短棍，有舵把，我一定要想法去揍死它们。"老人在与之进行的殊死搏斗中，表现了无与伦比的力量和勇气，不失人的尊严，虽败犹荣，精神上并没有被打败，他毫不退缩，敢于斗争，充分享受到胜利者的欢乐，体现出人的尊严。在他的身上，体现了人的自尊自强的巨大精神力量。桑地亚哥是作者对他笔下的"硬汉子"形象所作的一个哲理性的总结，提到了人类的永恒的本质特性的高度。

三、作业

1. 思考：小说结尾中，老人只带回了一副鱼骨架，分析鱼骨架的象征意味。

2. 重读小说思考：你认为最能体现海明威性格的重复话语是什么；你认为最无趣的重复话语又是什么；并说明理由。

直面战士之死

——《老人与海》阅读交流课

【交流目标】

1. 通过桑地亚哥经历独白与海明威身世的对比分析，把握小说"永不言败"的精神内核。

2. 通过对小说的主题与海明威的结局探讨，体会海明威的抗争精神，树立正确的生命观。

【交流重点】

1. 梳理故事情节，掌握内心独白对人物形象塑造的作用，把握人物的"硬汉"形象。

2. 探究海明威的自杀动机，明确他与病痛抗争的行为意义和永不言败的"硬汉"气度。

【交流过程】

一、导入

（视频导入《亮剑》片段）同学们，刚才欣赏的是大家熟悉、喜欢的电视剧《亮剑》中的精彩片段——李云龙论述什么是"亮剑"精神？同学们听后感觉说得好不好？牛不牛？"亮剑"精神简单理解就是敢于与强大的敌人、对手做斗争，无论对手多么强大，都要满腔勇气和信心，永不放弃，永不言败，要敢于亮剑。今天我们就一起来了解一个美国剑客——硬汉海明威。

二、作者简介

分别出示海明威年轻时的军装画像（英俊强壮）和老年穿毛衣照片（沧桑坚毅）。（直观感受，对比落差。）

海明威究竟经历了什么？终身战斗。

海明威，美国小说家。1954年度的诺贝尔文学奖获得者。从小喜欢钓鱼、打猎、音乐和绘画，因近视不能参军而作为红十字会车队司机参加第一次世界大战，以后长期担任驻欧记者，并曾参加第二次世界大战和西班牙内战。晚年体内留有数百枚弹片，并患多种疾病，精神十分抑郁，经过多次医疗无效，最终自杀。50年代后，塑造了以"桑地亚哥"为代表的"可以把他消灭，但就是打不败他"的"硬汉性格"（代表作《老人与海》1950年）。他那简约有力的文体和多种现代派手法的出色运用，在美国文学中曾引起过一场"文学革命"，许多欧美作家都明显受到了他的影响。

三、形象研讨

小组合作：有人说《老人与海》的主人公老人桑地亚哥就是海明威的一个化身，请根据前期阅读印象，从老人的战斗经历、身体状况和内心活动等方面谈谈这一观点。

1. 老人的搏斗情况。

老人共进行了五次艰苦卓绝的搏斗：

第一次是一条鲭鲨、使用的武器是鱼叉和绳子，结果绳子断了，鱼叉沉了。

第二次是两条星鲨、使用的武器是绑着刀子的桨，结果刀钝了。

第三次是一条犁头鲨、使用的武器是绑着刀子的桨，结果刀断了。

第四次是两条星鲨、使用的武器是短棍、击退了两条星鲨。

第五次是成群结队的鲨鱼、使用的武器是短棍、舵把，结果舵把折了。

2. 老人的身体状况。

第一次：在和大马林鱼搏斗三天两夜后，手受伤了。

第二次：手上的伤加重。

第三次：吃点马林鱼肉，攒些力气，手淌血。

第四次：觉得自己已经死了，手痛，连说话的力气都没有。

第五次：身体又痛又发僵，伤口和身上一切用力过度的部位都因寒冷而痛得厉害。

3. 老人的内心波折，内心独白。

多次梦见沙滩上的狮子。

多次想到"要是那孩子在就好了"。

遇见鲨鱼后多次想到"压根没钓到它"。

4. 老人的性格特征。

桑地亚哥那种坚强、刚毅、勇敢、无畏地面对痛苦和死亡的形象，表现出无论情况多么严重，困难多么巨大，死神多么可怕，他都不失人的尊严，不失勇气和决心的硬汉子这个个性鲜明的人物形象。

书中桑地亚哥一生所经历的艰难波折正是作者海明威一生冒险和战斗的高度浓缩。即书中所述"一个人可以被摧毁，但不可以被打败"。

这句话是小说的核心精神，它生动地揭示了桑地亚哥的内心世界和人生追求，也是作者海明威的思想观与价值观的反映。这句话意味着，人生的使命是奋斗，是与命运做不懈的抗争。人生下来虽然面临种种自然与社会的挑战，也许这些挑战强大到足以把人的肉体消灭，但一个人只要保持旺盛的斗志和在任何艰难险阻面前不屈服的精神，人就永远是胜利者。小说中的老渔夫桑地亚哥虽然最终没能保住大马林鱼，但在与鲨鱼搏斗的过程中，他表现出无与伦比的力量和勇气，不失人的尊严，是精神上的胜利者。

四、主题研讨

1. 文中老人与鲨鱼的搏斗最后失败了，你如何看待桑地亚哥的失败？

明确：这部小说表现了一种奋斗的人生观，即使面对的是不可征服的大自然，但人仍然可以得到精神上的胜利。与这些人生困境战斗，也许结果是失败的，但在奋斗的过程中，我们可以看到一个人如何成为一个顶天立地的大丈夫。就如这位老渔夫一样，虽然老了，倒霉、失败，但他仍旧坚持努力而能在精神上赢得胜利。

2. 我们经常说自杀是懦夫的行为。可同学们知道作者海明威的人生结局吗？你觉得以这种方式了结生命，海明威还称得上硬汉吗？

多年的负伤经历与酗酒习惯让晚年的海明威身体痛苦不已。医生在他体内曾取出总计两百多块弹片，但仍有无法估计的弹片残留在他体内无法取出。1961年7月2日，海明威在家中用猎枪自杀身亡，享年61岁。

引导讨论：吞枪自杀固然有消极悲观的一面，但是如果我们通过小说作品与背景资料走进海明威的内心世界，我们不难发现海明威的自杀与其说是他摆脱痛苦的方式，不如说这是他与无法解除的肉体痛苦的抗争。并不是苦痛与死亡选择了海明威，而是海明威选择了以死向这些人生困境发起的最后冲锋。即文中所说："一个人并不是生来要被打败的"；"你可以摧毁他，可就是无法打败他。"

五、总结

这句话生动地揭示了桑地亚哥的内心世界和人生追求，也是作者海明威的思想观与价值观的反映。这句话意味着，人生的使命是奋斗，是与命运做不懈的抗争。人生下来虽然面临种种自然与社会的挑战，也许这些挑战强大到足以把人的肉体消灭，但一个人只要保持旺盛的斗志和在任何艰难险阻面前不屈服的精神，人就永远是胜利者。小说中的老渔夫桑地亚哥虽然最终没能保住大马林鱼，但在与鲨鱼搏斗的过程中，他表现出无与伦比的力量和勇气，不失人的尊严，是精神上的胜利者。

六、作业

伟大的棒球手迪马济奥因伤被迫退役，度假时需要导游，请你以小男孩的口吻为桑迪亚哥写一封推荐信。

傲慢与偏见

——【英】简·奥斯汀

一、作品介绍

【名著档案】

书名：《傲慢与偏见》　　体裁：外国长篇小说　　作者：简·奥斯汀
成书时间：1813年　　人物：伊丽莎白　达西　简　宾利　班内特夫妇
关键词：婚姻爱情　机智幽默　对人性最透彻的了解
地位：在英国小说史上开辟了写实的世态小说之先河。

【作者简介】

简·奥斯丁（1775—1817），19世纪英国小说家，世界文学史上著名女性文学家之一。善于为大众写平凡的琐事，尤其是绅士和淑女间的婚姻和爱情；她是英国的骄傲，被誉为"可与莎士比亚平起平坐"的作家。

【内容简介】

《傲慢与偏见》被英国小说家毛姆列为世界十大小说之一，生动反映了18世纪末到19世纪初处于保守状态下的英国乡镇的世态人情。小说的主人公是小乡绅班纳特的二女儿伊丽莎白，她在舞会上认识男主达西，但因他为人傲慢而对其心生排斥，后历经周折，一个放下傲慢，一个消除了偏见，有情人终成眷属。奥斯丁借班纳特五个女儿对婚姻的不同态度，强调了理想婚姻的重要性，她认为男女双方感情才是缔结理想婚姻的基石。

【人物介绍】

（一）伊丽莎白

小说的女主角，班纳特家的二女儿，也是这个家中最富智慧的人。她可爱、聪颖，能和任何人优雅地交谈；她诚实、优雅，因此能够在低俗、无聊的社会阶层中脱颖而出。但她的偏见和犀利，也导致了她的迷茫。即使生活艰苦，但她仍追求平等的生活，从不对权势和金钱低头。

（二）达西

达西出身贵族家庭，生活条件上的优越养成了他傲慢的性格，因此即使被人误解也从不辩解。但他看似冷漠的外表下，有一颗善良、宽厚、仁慈的心，对爱情更是痴情且专一，即使要违背自己德高望重的姨母凯瑟琳夫人，也坚决要跟伊丽莎白在一起。

二、实施要求

外国小说表现了不同国家、地域的社会生活、风俗人情、审美情趣、文化倾向等。所以阅读外国小说，除了要关注小说的基本元素（如情节、人物、主题）之外，还要注意了解小说的创作背景、理解小说的文化内涵、关注小说的叙事角度、体会小说的语言。

（一）阅读方法引路，提高效率

外国小说的语言内容对于学生来说相对比较陌生，因此，先借助导读课，让学生初步了解小说的内容、人物和语言风格，再对阅读的时间和进度作合理的安排，布置相应的阅读任务，让学生有针对性、有效果地阅读。

（二）多样任务积累，通读全书

让学生通过制作书签、目录、人物卡片等活动，积累语言，感知刻画人物的方式，逐渐熟悉名著内容。培养学生的阅读兴趣，形成良好的阅读习惯。

（三）探究阅读阶段，加深理解

1. 通过对《傲慢与偏见》中的人物对比，引导学生思考作者的婚姻爱情观。

2. 联读《简·爱》与《傲慢与偏见》，探究女性意识的觉醒。

3. 影视作品的比较，完成比较报告。

4. 引导学生分享交流，在分享中交流自己的感悟，提高表达与交流能力，促进课外阅读。

三、导读攻略

【阅读策略】

1. 多样方法促进有效阅读

阅读中圈点勾画，按照要求做好摘抄和笔记。同时，采用绘制情节变化、人物关系等思维导图，理清整部小说的情节脉络。

注意切忌给人物贴标签，应对人物多角度、个性化地解读理解。

2. 课内外结合推动自主阅读

课堂时间有限，要充分运用掌握的阅读方法实施阅读，再结合课外举办的多种活动，完成整本书的阅读，理解作品内涵。

【阅读计划】

第一阶段：两周左右

任务：多阅读，理情节，识人物

方法：略读为主，精略读结合，圈点勾画，摘录。

	时间	阅读进度	阅读任务	目录标题	章节关键词
第1周	第1天	第1—4章	1. 概括这部分内容 2. 画出人物关系 3. 摘录你认为经典的语句 4. 结合文本完成柯林斯、魏肯"人物卡片"		
	第2天	第5—8章			
	第3天	第9—12章			
	第4天	第13—15章	1. 概括这部分内容 2. 概括人物冲突 3. 摘录你认为经典的语句 4. 结合文本，替柯林斯、魏肯完成"人物卡片"		
	第5天	第16—18章			
	第6天	第19—23章			
	第7天	第24—27章	1. 概括这部分内容 2. 摘录你认为经典的语句		
第2周	第1天	第28—31章	1. 概括这部分内容 2. 概括人物冲突 3. 摘录你认为经典的语句 4. 绘制伊丽莎白"情感变化图"		
	第2天	第33—36章			
	第3天	第37—42章	1. 概括内容 2. 摘录你认为经典的语句		
	第4天	第43—45章	1. 概括内容 2. 摘录你认为经典的语句		
	第5天	第46—50章	1. 概括内容 2. 概括人物冲突		
	第6天	第51—53章			
	第7天	第54—57章	1. 概括内容 2. 摘录你认为经典的语句		
第3周	第1天	第58—61章	3. 完成达西、伊丽莎白、简、宾利等人的"人物卡片"		

书签制作	人物卡片
《傲慢与偏见》中有很多经典语句，请从书中摘录几句制作书签，并说明理由。	姓名： 身份（工作）： 性格： 家庭： 经济： 对另一半的要求： 爱情宣言：

（左格含书签图片，右格含人物画像方框）

第二阶段：一周左右

任务：评价质疑　人物评析　主题探究

方法：跳读选读　比较阅读

阅读任务单一

人物	典型事件	性格特征	你的评价
伊丽莎白			
达西			
简			
宾利			
班内特太太			
魏肯			

阅读任务单二

婚姻类型	人物	人物性格	结合原因	作者态度	你的评价
虚荣冲动型	莉迪亚与魏肯	莉迪亚：举止放诞。 魏肯：外表风流倜傥，实质却是一个花花公子，贪恋美貌、金钱		持批判态度	

续表

婚姻类型	人物	人物性格	结合原因	作者态度	你的评价

第三阶段：一周时间

任务：联读拓展　评价质疑

方法：查找资料，与《简·爱》联读，小组合作交流探究

例如：

	《傲慢与偏见》	《简·爱》
相同点一		
相同点二		
不同点一		
不同点二		

初识"傲慢与偏见"

——《傲慢与偏见》导读课

【导读目标】

1. 激发学生阅读兴趣，掌握外国小说的阅读方法。

2. 阅读1—4章，梳理情节，初步感受人物形象。

3. 初步了解《傲慢与偏见》的语言风格，归纳并实践相关阅读方法。

【导读重点】初识《傲慢与偏见》，归纳学习相关的阅读方法

【导读难点】感受奥斯汀式幽默讽刺的语言

【课前准备】课前阅读1—4章，根据内容绘制人物关系图，并整理四个章节中出现的人物信息，完成人物卡片

【导读过程】

一、海报导入，初识名著

1. 同学们，这是《傲慢与偏见》的封面。名著的封面往往会传达出名著的内容、主要人物、主题情感等相关信息。请你们阅读《傲慢与偏见》一书的封面，说说你获得了哪些信息，推测一下这部作品讲述了什么内容。

（屏显）

【答案预设】

这是一部关于爱情的作品；这是一部外国小说；这部作品描述的应该是上层社会的生活……

二、方法回顾，初读名著

1. 读不同的书，有不同的方法。《傲慢与偏见》作为一本以爱情为题材的外国小说，我们在阅读的时候，有没有什么方法呢？请同学们回顾学习过的外国小说，如《简·爱》《变色龙》《我的叔叔于勒》，说说阅读外国小说的策略。

【答案预设】

（1）了解小说的创作背景。

（2）梳理小说的故事情节。

（3）分析小说的人物形象。

（4）探究小说的主题意义。

……

2. 同学们都已经阅读学习过《简·爱》了，《傲慢与偏见》也是英国女作家简·奥斯汀从女性视角出发，以爱情婚姻为题材的长篇小说。我们一起来看看这本小说的写作背景：

（屏显）

在18世纪末19世纪初的欧洲，"男性一直是以掌权者的身份"把持了社会的经济、政治以及意识形态领域，而妇女的社会地位非常低下，被剥夺了受教育及工作等的权利，沦为男性的附属品。当时的英国正处在社会变革的关键时期，工业革命的开展使得资本主义地位提高，文艺复兴和启蒙运动的开展则促使一大批具有思想理论指导价值的文艺作品产生，使英国乃至世界范围内的女性都深受启发，女性主义意识开始萌芽。

"随着19世纪女权运动的高涨，英国女性主义文学开始萌芽与发展。女性主义文学从女性视角审视社会，揭露社会现实，塑造了一批敢于冲破束缚、追求平等爱情的女性形象。"《傲慢与偏见》中的女主人公伊丽莎白即是这样的典型女性。[1]

3.《傲慢与偏见》被英国小说家和戏剧家毛姆列为世界十大小说之一，有着不可忽视的价值和意义。奥斯汀评价《傲慢与偏见》时说："……有些作品，其中展示了才智最强大的力量；其中作者以最精心选择的语言向世人传达了对人性最透彻的了解、对这种人性恰到好处的描绘，以及对机智幽默最生动活泼的抒发。""对人性最透彻的了解"表明了《傲慢与偏见》思想内容方面的本质，英国20世纪著名小说家爱摩·福斯特著名的"圆形人物"说，就是以奥斯汀的人物为例的。

过渡：接下来，就让我们一起走进《傲慢与偏见》，去看看那个时代英国的世态人情，去认识奥斯汀笔下各有特色的人物。

三、阅读名著，总结方法

对于这样一部外国小说，我们可以怎么读？请同学们阅读1—4章，完成下面任务，总结阅读方法。

1. 展示课前学生完成的人物关系图：

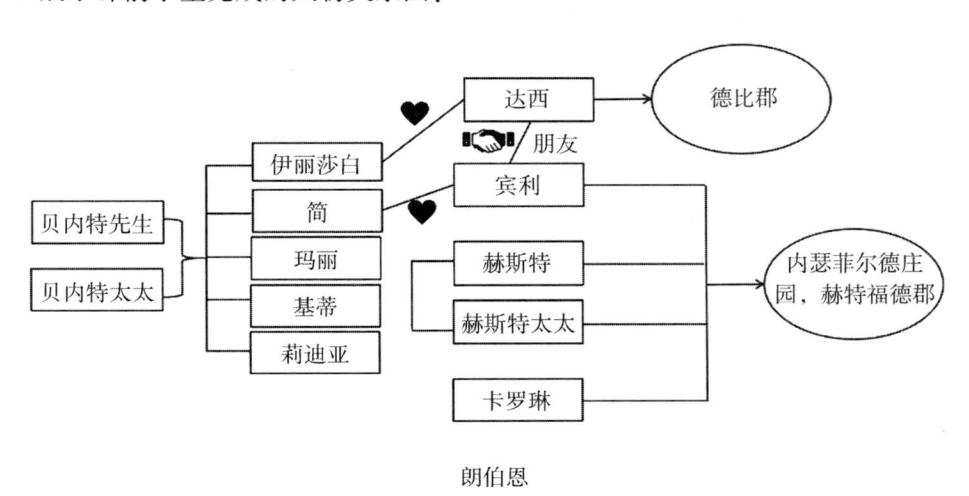

总结方法一：绘制人物关系，梳理繁杂的人物

（屏显）《简·爱》目录

2. 与《简·爱》不同，《傲慢与偏见》的目录只有章节，没有标题，请同学们根据1—4章内容，给各个章节拟写标题。

【答案预设】

第一章：庄园新主

第二章：拜访宾利

第三章：舞会初见

第四章：姐妹倾诉

（学生概括合理即可）

总结方法二：补充名著目录，梳理情节的发展

人物	家庭 OR 资产状况	细节 OR 事件	性格特征
班内特太太	乡绅家庭	第一章的对话	关心女儿的婚姻、爱慕虚荣
班内特先生	乡绅家庭		沉默而善变、幽默却善讽
伊丽莎白	乡绅家庭	第四章，简倾诉对宾利的爱意后，伊丽莎白却沉默不语，将一切思考得清清楚楚	生性活泼、观察力敏锐、有远见、善思考
达西	贵族，每年百万英镑	"她还算可以，但是还没有标志到能让我动心……"	傲慢自大、待人冷漠、果断倔强
简	乡绅家庭	"简一直谨口慎言，对宾利先生没有轻易赞美，待到只有她与伊丽莎白在一起，才向妹妹倾诉自己的爱意。"	温柔、善解人意，但性格矜持
宾利	贵族，十万英镑遗产	"宾利先生不久就结识了在场的所有主要人物，还因为舞会散得太早而不高兴。"	可亲可近、诚恳、率真可爱

3. 阅读1—4章，填写表格信息。

总结方法三：摘录人物信息，分析人物的性格

4.《傲慢与偏见》中的人物对话自然流畅、妙趣横生。与夸张、明快、一针见血类风格的讽刺不同，奥斯汀的幽默和讽刺总是不动声色、微言大义、反话正说，令人常感到余痛难消。请同学们跳读1—4章，找一找这些章节中是否有奥斯汀式的幽默和讽刺。

【答案预设】

（1）第一章的开头写道："饶有家产的单身男子必定想要娶妻室，这是举世公认的真情实理。""这种人一般搬到什么地方，尽管他的感觉见解如何街坊四邻毫不了解，他就被人当成了自己这个或那个女儿一笔应得的财富。"

从表面上看，作者只是在谈论当时的社会现状中人们对婚姻的态度，并且这种普遍的婚恋观被说得顺理成章。但是作者使用了"单身汉"以及"一笔财产"这两个词语，其中的深意就十分明显，其实爱情和婚姻都已经被物质化，不再具有精神和意志上的尊严与价值，变成了可以用金钱来衡量的一种关系。在当时的社会状态下，大多数人都认为婚姻和爱情是可以用金钱与物质来衡量的，所以大多数母亲都希望自己的孩子可以嫁入豪门，以保证一辈子衣食无忧，这种想法虽然看似对孩子的关心，但其实是一种愚昧、庸俗的体现，在这种观念的影响下，婚姻和爱情都可以给物质让位，物质成为最核心的竞争力，谁有钱就有话语权。

作者一开始就用这样的笔调来描述当时的社会现状，对当时的婚恋观进行叙述，真实展现了当时英国社会的真实状况，同时还不露痕迹地讽刺了当时的社会风气，一举两得。

（2）第一章中当班纳特先生面对太太催促自己去拜访彬格莱先生的时候：

"我不用去。你带着女儿们去就得了，要不你干脆打发她们自己去，因为你跟女儿们比起来，她们哪一个都不能胜过你的美貌，你去了，彬格莱先生倒可能挑中你呢？"

"……从前也的确有人赞赏过我的美貌，现在我有了五个成年的女儿，就不该对自己的美貌再转什么念头……"

班纳特先生的回答带有十分明显的嘲讽意味，但是班纳特太太是一个头脑十分简单的人，面对丈夫这样的回答，她不仅没有听出班纳特先生话语中的嘲讽意味，反而觉得是自己的丈夫在夸赞自己，让人啼笑皆非，分不清楚嘲讽与恭维的头脑简单的人物形象立刻跃然纸上，呈现出十分鲜明的个性特点。在阅读的时候，读者不仅会哑然失笑，甚至还会对班纳特先生产生一点怜悯的情绪，对他的无奈之情也体会得更深。[2]

总结方法四：品析"讽刺"语句，感受作者的态度。

四、阅读任务

1. 按照阅读进度表，通读全书。

2. 绘制整部作品的人物关系图。

3. 整理主要人物的重要事迹，归纳人物形象，完成人物卡片。

4. 摘录经典语句，制作书签，并说明理由。

女性的成长·解读伊丽莎白

——《傲慢与偏见》研读课

【研读目标】

1. 梳理伊丽莎白重要事迹，解读其形象特点。
2. 结合具体内容，分析伊丽莎白性格成因。
3. 通过人物的解读，探究作者的写作意图。

【研读重点】 全面解读伊丽莎白的形象特点。

【研读难点】 探究人物背后的成长主题。

【研读过程】

一、观点碰撞，激趣导入：（屏显）

"知乎"上，很多人在读完《傲慢与偏见》后，都产生了疑惑。"这种情节上玛丽苏的作品怎么能成为世界名著？""大部分经典文学作品都能够以小见大，而《傲慢与偏见》似乎除了一些讽刺他人的价值观，就没有其他能让人称道的了。"很多同学读完后说，这不就是"霸道总裁爱上我"的言情故事吗？

这样一本小说，为什么能够成为世界经典名著呢？今天，我们就来深入地读一读这本小说，看看它到底有什么样的魅力。

二、绘制感情历程，追寻人物成长

有人认为这是一个玛丽苏的爱情故事，故事的主角当然就是书中的伊丽莎白，请同学们根据书中的内容，以小组为单位完成"追寻伊丽莎白的爱情旅程"的活动。

活动一：追寻伊丽莎白的爱情旅程

人的一生就像一场旅行，旅途中，总有一些重要的人生站点和故事令你难忘。主人公伊丽莎白也驻足过多个人生站点，经历过许多故事。根据本书，在纸上标画出一幅"伊丽莎白的爱情经历图"，并配以必要的文字说明。在尊重事实的基础上，同学们可以尽情展示自己的创意。你可以用不同的颜色表现伊丽莎白在整个过程中给你留下的不同印象，也可以手绘一些典型的人或事。

以小组为单位完成任务，推选一份作品，以演说的形式再现伊丽莎白的感情史，其他小组为点评方，点评方简短阐述展示方的亮点。

【答案预设】（仅供参考）

爱情	第一站	第二站	第三站	第四站	第五站	第六站	第七站
站点	舞会初识	魏肯构陷	达西求婚	达西的信	参访故居	私奔风云	终成眷属
旅途故事	舞会上，达西拒绝邀请伊丽莎白跳舞，并称舞会上没有足以让自己动心的姑娘	韦克翰暗地里向伊丽莎白说了关于达西先生的莫须有的谣言，毁谤达西先生。宾利先生突然离开了简，伊丽莎白认为是达西先生造成的	在罗新斯庄园相遇，达西先生向伊丽莎白告白、求婚。达西先生告白的态度依旧不改他的傲慢	隔天早上，达西先生给了伊丽莎白一封信，随即冷冷走掉。信中达西先生为韦克翰所散布的谣言，以及宾利先生突然离开简的原因	伊丽莎白和舅父母去达西先生的故居彭伯里参访，意外遇见了达西先生。达西先生一改以往的傲慢，反而慷慨、真诚和亲切	年轻幼稚的丽迪亚上了当，与魏肯私奔躲避赌债。达西找到了韦克翰，替他还清了赌债并付了一笔生活费，迫他同丽迪亚结婚	达西先生的姨母知道达西要取一个门不当户不对的女子之后，便来到班内特家，要威胁伊丽莎白

109

续表

爱情	第一站	第二站	第三站	第四站	第五站	第六站	第七站
对达西的态度	认为达西傲慢，对其厌恶	对达西的偏见加深	愤怒拒绝，心烦意乱，惊愕，仍然对其厌恶	接受解释，对魏肯的事感到羞愧，偏见不再牢不可破	伊丽莎白渐渐地对达西先生有了好感	伊丽莎白了解事情的始末之后，也彻底扭转了她对达西的情感	伊丽莎白明白了原来达西一直爱着她。偏见彻底放下，两个人从此过着幸福快乐的日子

第三站和第七站用红色，这两处展现了强烈的矛盾冲突，可以感受到伊丽莎白强烈的抗争意识。第一站用灰色，第二站用黑色，伊丽莎白对达西的偏见逐渐加深，到了厌恶的地步。第四站、第五站用蓝色，故事节奏舒缓下来，伊丽莎白对达西的偏见也逐渐消除。

（学生也可用折线图、思维导图等多样的形式）

小结：伊丽莎白对达西的偏见逐渐消除，最终幸福地生活在一起。看似一个十分狗血的爱情故事，但实际上，这也是伊丽莎白这一女性角色，在那个受到桎梏的时代的个人成长史。

成长的困境——伊丽莎白身陷当时社会的桎梏，她们只能依附父亲，"限定继承权"迫使她们只能通过结婚来获得金钱与地位。她被贵族凯瑟琳夫人视作野蛮粗鲁没有教养的人；她拒绝了看似条件优渥的柯林斯先生的求婚，却惹得母亲怒不可遏。

成长的觉醒——伊丽莎白具有反抗精神，虽然容易陷入偏见但却不顽固执拗。柯林斯和夏洛特结合之后，伊丽莎白重新审视她和夏洛特的友谊，她虽不赞同但仍然理解。误以为达西是伤害威科姆和破坏姐姐婚姻的凶手，虽然拒绝了达西的求婚，但读了达西的来信后，伊丽莎白也进行了自我反思，自我审视，"她自责道：'我的行为多么可鄙！我还一向为自己的眼力自鸣得意呢！我还一向为自己的才干沾沾自喜呢！'"和凯瑟琳夫人的相处让伊丽莎白充分认识到这些封建贵族的腐朽与高傲。而凯瑟琳夫人"亲自"登门的羞辱更加坚定了伊丽莎白不屈服于权贵的决心。在伊丽莎白不断进行自我反省的同时，身边的人物也在帮助伊丽莎白摆脱诱惑。正是在周围环境和自我反思的双重作用下，伊丽莎白终于觉醒，完成了从天真到成熟的大跨越。所以，在玛丽苏的故事情节背后，是伊丽莎白的不断自省和在那个时代难得的反抗精神。[1]

三、寻找人物底色，探寻性格成因

1. 书中，伊丽莎白还有哪些情节给你留下了深刻的印象？请用一个关键词或短语表达人物最吸引你的一点，并结合名著内容说明理由。

【答案预设】

（1）鄙视世俗

伊丽莎白想知道姐姐简的身体状况时，独自走了三英里，到达内瑟菲德庄园时"袜子上满是泥浆""衬裙上也沾满了泥"。即使宾利姐妹俩对此极尽嘲弄，但在伊丽莎白看来，女性不必保持端正整洁的仪态，相反，为了见姐姐，她可以满身污泥。

（2）理智选择

当傲慢自大的凯瑟琳夫人羞辱她，并且强迫她远离达西时，她毫不犹豫地反驳了她，"本分呀，名誉呀，恩义呀，一概都没有可能扯到我的身上来。至于说到他的家族的恼怒，或者世人的愤恨，如果他娶我要激起他家族的愤怒，我一刻也不会在意，至于世人吗，他们一般都很通情达理，根本不会蔑视他"。

她有自己的理智与决断，她认为自己的幸福应掌握在自己手中而不受任何其他人的干扰。

（3）平等自尊

当伊丽莎白意识到曾经向她求婚的柯林斯先生并不是因为爱而是为了金钱和利益才如此时，她直截了当地拒绝了他。当达西大段地叙述自己爱她是多么的不容易，是如何放下了尊严时，她愤怒地拒绝。伊丽莎白认为，幸福的婚姻应该是追求平等和尊重的，她跟随自己的内心，保持对自己的忠诚。[2]

……

2. 同一个家庭的五个女孩，却有着截然不同的性格和人生追求，尤其是伊丽莎白，与那个时代如此格格不入。请结合具体内容进行分析。

小组合作，查找相关章节，圈画关键语句，讨论并明确其作用。

【答案预设】

（1）班纳特先生的良好修养：对于班纳特太太的敏感和滑稽，班纳特先生常常用幽默的方式来讽刺、调侃，而不会被激怒，展现出了良好的修养。在班纳特太太近20

---

[1] 张玲．一部女性成长小说——简·奥斯汀的《傲慢与偏见》赏析[J]．敬文百家，2021.07.
[2] 张娣．从伊丽莎白的性格分析《傲慢与偏见》中的女性意识[J]．海外英语，2021（08）.

年无休止的抱怨中，班纳特对婚姻是充满了无奈的，但是他选择了隐忍。母亲浮躁迫切，父亲疏于管教，使得五个女孩个性截然不同，伊丽莎白明显是唯一得到父亲青睐的女儿，在这样的环境下成长的伊丽莎白，少了像宾利小姐那样的迂腐伪善之气，也不像她的妹妹般轻浮愚蠢。

（2）伊丽莎白没有受过正式教育，也没有家庭教师才艺方面的专业指导，但书中多次描写伊丽莎白读书的场景，广泛的阅读让她对事物有独到的见解，因而她在思想上区别于传统教条的中产阶级女性。

（3）达西的帮助和指引。达西用爱和包容引导着伊丽莎白放下偏见，也正是他的坚持与善良打动了伊丽莎白。达西抛弃门第之见，不畏封建传统，使伊丽莎白渴望的爱情和对平等的诉求成为可能。

……

总结：《傲慢与偏见》中的伊丽莎白的生活经历和情感历程真实地展现了那个时代女性所处的困境，她不是独立地对抗社会，从而成长起来的，而是在身边人的影响之下，通过自己的自省与独立，不断完善自己，不断成长。

因此，作者借伊丽莎白，表达了女性对那些苛刻的社会偏见的不满，以及对这个不公平的社会的呐喊。通过她的性格特征指出了那个时代的社会弊端，并且也呼吁女性共同抵抗传统社会偏见，唤起公众的女性意识，为更多想要追求自我价值的人提供指引。这是小说的价值与魅力。[1]

四、设计腰封，推荐好书

（屏显）

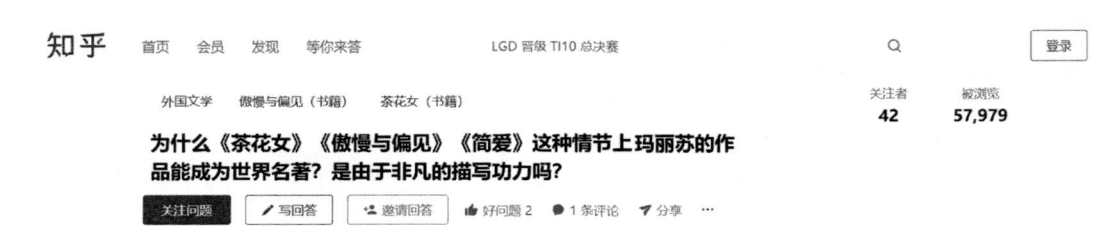

通过对这本书不同人物的挖掘，我们感受到了《傲慢与偏见》这本书的价值和魅力。相信对于开始的疑问，大家都有了自己的答案。为了帮助这些读者解决疑惑，请同学们根据自己对书本的理解，为《傲慢与偏见》设计一个"腰封"，将这本书推荐给更多的人。

---

[1] 张玲. 一部女性成长小说——简·奥斯汀的《傲慢与偏见》赏析 [J]. 敬文百家，2021.07.

> 书腰，出版术语，又叫腰封，定义为于书籍中间地带另置一条类似腰带的文字介绍，以配合行销或书籍推荐。
>
> 典型书腰设计：书中的经典语句 作者身份介绍 名家推荐 阅读启示作用：这些文字印在封面上铁定造成破坏，但在书腰上，一秒钟就说明了书有多么伟大，一分钟就足够让读者决定要不要买下来。

五、作业设计

1. 完成书腰设计。

2. 选择此书中你最感兴趣的人物，按照本课解读人物的方法，评点该人物，完成一份人物评点，在班级交流参评。

> 小贴士：
>
> 梳理人物重要事件，分析人物性格特点，思考人物性格形成的原因，全面辩证地评价人物形象。

女性意识的觉醒

——《傲慢与偏见》阅读交流课

【交流目标】

1. 比较书中的四段婚姻，感受作者的婚姻价值观。
2. 比较阅读《简·爱》与《傲慢与偏见》，深化阅读感悟。
3. 知人论世，探究女性意识觉醒的意义。

【交流重点】比较阅读，深化感悟

【交流难点】探究女性意识觉醒的意义

【交流过程】

一、导入：创设情境

师：《简·爱》与《傲慢与偏见》都是以女性的爱情观为题材的小说，常常被放在一起谈论。如果《简·爱》中的女主角简·爱穿越到了《傲慢与偏见》中，她是否能找到自己的爱情？

（学生自由发表意见）

二、整理：四种婚姻

活动一：《傲慢与偏见》一书以伊丽莎白与达西的婚姻爱情为主线，但书中还出现了其他人物，请同学们阅读书目，以小组合作的形式整理内容，完成下面表格：

婚姻类型[1]	人物	人物性格	结合原因	作者态度	你的评价
虚荣冲动型	莉迪亚 魏肯	莉迪亚：举止放诞。魏肯：外表风流倜傥，实质却是一个花花公子，贪恋美貌、金钱	莉迪亚贪恋美貌，魏肯贪恋金钱。两人不惜败坏家族名声而私奔，后经达西搭救两人才勉强成婚	盲目地追求激情享乐，作者对此持批判态度	这种不考虑现实，不考虑情感的婚姻，无论在哪个年代，都是以悲剧告终的
金钱利益型	夏洛特 柯林斯	夏洛特：聪明、理智，清楚现实，明白自己想要什么。柯林斯：妄自尊大，追求金钱名利，笨拙可笑	能确保不挨冻受饥，也不用担心丈夫会变心。是以金钱维系的婚姻	平淡而又枯燥地生活。"牺牲一切高尚感情，来屈就世俗利益"的不幸婚姻	以现代的视角来看，夏洛特做出这样的选择，也是迫于现实的无奈
情感至上型	简 宾格莱	简：含蓄，温婉体贴，做事得体，但缺乏信心和勇气。宾格莱：英俊潇洒，做事优雅有风度，但是面对感情懦弱缺乏主见	两情相悦	两情相悦互相倾慕的爱情与婚姻，他们之间的婚姻是快乐而又幸福的。作者认为的理想型的婚姻	他们之间的爱情感染着读者。宾利先生收入虽丰，但是他花钱大手大脚，生活没有任何规划，如不积极调整，两人将面临着财政危机

---

[1] 耿莎莎.《傲慢与偏见》中的四种不同的婚姻[J].电影文学，2011（12）.

续表

婚姻类型[1]	人物	人物性格	结合原因	作者态度	你的评价
理智情感型	伊丽莎白 达西	伊丽莎白：年轻貌美，聪明活泼，自尊自爱。深谋远虑，但有时过于武断，容易对人产生偏见。达西：一表人才，出身高贵，门第显赫，加之家财万贯，因而生性傲慢。但是内心仁爱，知错就改	最初彼此误解，最终消弭矛盾相互爱慕	他们的结合充分考虑了经济与情感，但彼此更注重对方的品质美德，他们的婚姻是成功而幸福的	伊丽莎白与达西的婚姻是《傲慢与偏见》中最成功的。事实证明，初次印象是不可靠的，而偏见比无知更可怕

明确：作者简·奥斯汀描写了4种不同的婚姻形式，表现了她的婚姻观：为了财产、金钱和地位而结婚是错误的；而结婚不考虑上述因素也是愚蠢的。因此，她既反对为金钱而结婚，也反对把婚姻当儿戏。她强调理想婚姻的重要性。

简·爱追求爱情婚姻中无论是金钱地位还是精神世界都绝对的平等，因此简·爱在《傲慢与偏见》中无法找到爱情。

三、联读：制作报告

1. 活动二：简·奥斯汀是浪漫主义文学时期著名的女作家，《傲慢与偏见》是其杰出的代表作之一。夏洛蒂·勃朗特是现实主义文学时期的代表，《简·爱》便是其杰出代表作之一。她们两个都是当时那个时代少有的女性作家，但是由于她们出生在不同的文学时期，她们的作品自然在很多方面也不尽相同。那么，你更喜欢哪部作品，为什么？

请以小组合作的形式，对比联读两部作品，整理其相同与不同点，说说你们小组更喜欢哪部作品，并结合内容说说理由。

比较角度：叙事视角、人物形象、作者观点、写作手法……
报告形式：思维导图、人物"画像"、表格、PPT……

2. 小组展示。

展示要求：（1）一人或多人合作展示小组合作成果
　　　　　（2）小组代表总结讨论结果
　　　　　（3）其他小组补充或质疑

【预设】人物对比

比较	《傲慢与偏见》	《简·爱》
相同点一：在爱情中她们都追求平等、自尊和理性	从伊丽莎白的角度看，她是个很有主见的女性，有一套自己的世界观和爱情观。伊丽莎白拒绝了达西第一次的跳舞邀请和第一次求婚，因为达西的态度无比傲慢。达西在爱的时候同时也在侮辱她。但是，由于爱，达西为伊丽莎白改变了许多	从简·爱的角度看，简是脱离那个时代传统的女性人物。简从来不关心任何的物质，她关心的是内在和灵魂。她将自己与罗切斯特做了对比以证明他们精神上的平等地位。尽管他们在地位、财富方面不尽相等，但是在爱情，在精神和灵魂层面上他们是相等的
相同点二：她们都追求建立在真爱基础上的婚姻	从伊丽莎白的角度看，她反对妹妹莉迪亚与威克汉姆建立在情欲之间的爱情，反对父母在年轻时建立在美貌之上的婚姻，她反对好朋友与柯林斯建立在财产上的婚姻	从简的角度看，简从来不在乎爱情中的金钱，她不需要华丽的珠宝首饰。当她离开时把那个唯一的珍珠项链都还给了罗
不同点一：她们对于金钱在爱情中的地位看法不同	在简·奥斯汀看来，爱情至关重要，金钱同样必不可少。书中的第一句话就是"凡是有钱的单身汉，总想娶位太太，这已经成了一条举世公认的真理"。书中介绍达西是每年都有一万英镑收入的阔少爷，宾格利每年有4000英镑收入等，还充斥着各种各样的舞会。班纳特太太花许多精力寻觅女婿，而第一个条件就是有钱。书中的大环境便是如此，由此推及伊丽莎白，我认为在婚姻中，她也会或多或少地考虑到金钱	对于简来说，她对于金钱在爱情中的地位是毫不在意的。可以说，对于金钱，她几乎是冷漠的态度，她讨厌华丽的服装首饰，离开时仅仅带走了属于她的20先令，得到了财产也是和表弟表妹们平分了，财产对于她来说太微不足道了，如果她觉得钱很重要的话，当罗切斯特失去了他的一切时，简还会回到他的身边吗？
不同点二：由于时代背景和家庭背景的不同，简在爱情中比伊丽莎白更倔强更骄傲	伊丽莎白出生于庄园主的家庭，不说有多富有，但是过得绝不贫穷，她有关心帮助她的父母，她可以参加各种舞会。在那个时代，她们自己不能养活自己，而是靠家庭和嫁人生存，因此，她的个性没有简那样倔强	简是一个孤儿，交给舅母抚养，她舅母便把她送去了寄宿学校。她的童年黑暗无比，她努力找工作寻求生存。总之，她是经济独立的。她的经历让她的个性无比坚决和倔强，也让她在爱情中更加自尊和骄傲

续表

比较	《傲慢与偏见》	《简·爱》
不同点三：她们表达爱情的方式十分不同，一个含蓄内敛，一个大胆直接	伊丽莎白含蓄内敛，她喜欢在心里思考而很少表达出来，在书中她也不会去主动追求一个人，例如，她从来没有告诉过魏肯倾心于他。在她和达西之间，主动方一直都是达西，他两次向伊丽莎白求婚，就像是加德纳夫妇所说，达西对于伊丽莎白的感情已经溢于言表，而至于她们的外甥女伊丽莎白的感情却捉摸不透。此外，伊丽莎白做什么决定都会放在心中，而达西并不知情。因此，我们可以看出，伊丽莎白在爱情中是非常含蓄的	对于简，她在罗切斯特的刺激下，毫无隐瞒地表达了她对其深切的感情。在她自己的独白中，我们也看见很多她对于罗切斯特毫不掩饰地喜欢，"我刚看到他的注意力集中在他们身上，我可以不被人注意地注视着他，我的眼睛就不由自主地被吸引到他的脸上……"

我们小组发现，她们在爱情中，都追求平等、真爱、自尊和理性，这种追求在当时是很难得且少见的。不论是浪漫主义时期还是现实主义时期的英国现状，妇女的地位都十分低下，很少妇女可以经济独立而是要依靠家庭生存，可以说，在那个社会拥有这种追求是对时代的挣脱和不满。[1]

伊丽莎白的婚姻仍然是以金钱为基础，女性仍然是男性的附庸，而简·爱显然更具有反抗性，她才是真正地追求女性的独立与自由，无论是经济还是精神上的自由。因此我们小组更喜欢《简·爱》。

四、背景：作品魅力

> 就小说的内容而言，《傲慢与偏见》笼罩在启蒙运动的思想光环里头，这话我们可以说。启蒙运动起始于英国，中心却在法国，在法国发展，在法国壮大，然后，再一次波及四周，《傲慢与偏见》是启蒙思想在小说内部的具体体现。
>
> 启蒙运动的中心思想其实就一句话：争取世俗生活的幸福。如果一定要文雅一点，也可以换成康德的说法："用人的眼光看人。"
>
> ——毕飞宇

明确：无论是《简·爱》还是《傲慢与偏见》，在题材和观点上，都还有其局限性，这是由作者的时代和生活环境所决定的。但是，无论是《傲慢与偏见》还是《简·爱》，都在那个时代打响了女性意识觉醒的枪声，影响了一代又一代人。而两部

---

[1] 丁旋.《傲慢与偏见》与《简·爱》中的女主人公爱情观的异同［J］.中外文化研究，2020（16）.

作品中的婚姻爱情观，即使在现代仍然没有失去其光彩。

五、作业设计

1. 观看《傲慢与偏见》电影，对比电影与原著内容的不同，说说两种艺术形式不同呈现的原因。

2. 选做：课外阅读《安娜卡列尼娜》《包法利夫人》，与《傲慢与偏见》中莉迪亚的"私奔"作比较，探究其作者的意图。

《傅雷家书》　　　　纪玉丕

《苏菲的世界》　　褚淑贞　郑娟娟

《给青年的十二封信》　高炳洁

《钢铁是怎样炼成的》　陈瑾慧

《平凡的世界》　　张伟妮

《名人传》　　　　林晓慧

《沙乡年鉴》　　　胡曦阳

下卷

教你如何读名著·中册

傅雷家书

——傅雷

品家书文化　读父爱深情

一、作品介绍

《傅雷家书》是我国著名文学翻译家、文艺评论家傅雷写给儿子的书信编纂而成的一本集子，摘编了傅雷先生1954年至1966年6月的186封书信，最长的一封信达7000多字。

傅雷给儿子写的信有多种作用：一是讨论艺术；二是激发感想；三是训练文笔和思想；四是做一面忠实的"镜子"。信中资料，大多是谈论艺术与人生，灌输一个艺术家应有的高尚情操，让儿子明白"国家的荣辱、艺术的尊严"，做一个"德艺俱备，人格卓越的艺术家"。这本书问世以来，对人们的道德、思想、情操、文化修养启迪深远。

《傅雷家书》是一部充满着父爱的苦心孤诣、呕心沥血的教子篇。傅雷对儿子傅聪在生活细节、人际交往、读书求学、感情处理以及艺术修养等方面的沟通、教育和指导，不仅让读者感受到父子深情，感悟到教子之道，更让世人领略傅雷独特的艺术观，称得上是最好的艺术学徒修养读物。与此同时，《傅雷家书》也堪称中华家书文化的典范，是现代中国影响最大的家训。阅读此书，还能领悟到中华优秀的家书文化，感悟不一般的家书背后蕴含的情感价值、精神价值和艺术价值。

二、实施要求

《傅雷家书》导读设计大体思路如下：教师制订"通读指导"的任务方案，引导学生通读全书。学生在阅读任务单指导下完成整本书阅读，教师组织学生围绕阅读任务单的内容进行小组讨论、全班交流。接着围绕主要任务，在课堂上进行重点突破，达到导读的预期目标。

专题一：《傅雷家书》导读课——家书之文化与传情

专题二：《傅雷家书》研读课——父爱之细腻与独特

专题三：《傅雷家书》交流课——父爱之崇高与深沉

本方案由三大专题构成，整体把握选择性阅读策略，每个专题都有通读时的任务指导，专题的内容选择来源于教材中的名著导读，每个专题的设计都努力向《语文作业本》学习，教学设计教学化、活动化，努力体现《傅雷家书》阅读的核心价值。其他观点的探究在拓展任务中体现，给大家选择的空间。

三、导读攻略

《傅雷家书》导读设计思路是教师制定任务单，引导学生阅读全书，在阅读任务单指导下完成整本书阅读，教师组织学生围绕阅读任务单内容进行小组讨论、全班交流，抓住重点，突破难点。

教学课型	主要内容	设计意图
导读课	1. 诵读分享家书中典型的故事情景。2. 学生围绕阅读任务单内容，寻找最感动的语言、情节，依据兴趣、问题、目的、方法，运用选择性阅读策略，体会傅雷独特的教子之道。3. 在老师指引下了解中华家书文化。	1. 通过诵读家书感受父子情深，感受赤子情怀。2. 了解中华家书文化。3. 借助阅读单的设计，选择阅读方法，小组合作、个性表达，为深入文本、领悟作品内涵奠定基础。
研读课	1. 结合用心发现爱的分类表，寻找最令你感动的爱的场景和爱的类型等。2. 结合情景朗读品味，小组研讨合作，体会别样的父爱。3. 通过教子之道分类表格，品析傅雷的教子之道，感受父爱的独特。	1. 借助爱的归类表指导、合作、展示，学生通过精彩场景立体化呈现人物形象，感悟父爱细腻与独特。2. 结合书信中典型的细节、经典的语言，感受不一样的父子情深。3. 通过品析傅雷的教子场景细节，帮助学生深入理解傅雷独特的教子之道。
交流课	1. 透过傅雷的艺术观，感受不一样的傅雷。2. 结合人物介绍，深入理解傅雷父爱的崇高与伟大。3. 推荐中华家书文化价值拓展内容学习。4. 结合典型事迹，评价心中的傅雷。5. 课后完成个性化表达自己观点的写作。	1. 通过对人物深入了解，体察父爱的崇高与伟大。2. 学会在傅雷艺术观的综合解读中，个性展现人物形象，深化对人物思想的理解。3. 深入思考中华家书文化对人生、社会的有益启示。4. 深入文本、品析感悟、领悟《傅雷家书》作品的深刻内涵。

【阅读策略】

采用选择性阅读，结合相关的阅读任务，重点关注傅雷对儿子傅聪在生活细节、人际交往、读书求学，以及感情处理等方面的沟通、教育、指导内容的深刻感悟，进而感受不一般的家书包含的情感价值、精神价值和艺术价值。不仅感受品味家书文化，感悟父子深情，感悟教子之道，更感悟傅雷独特的艺术观。

【阅读安排】

《傅雷家书》是一本书信集，按照时间编排的，不像其他作品或是一个完整的故事情节，或是按照不同时期的归类，或是其他有章可循的清晰脉络。为此，我们规定按照年限进程，三周完成阅读任务，每一周的阅读围绕下面导读单完成相关的任务。

【通读任务单】

表1：我的阅读方式设计表

小组最想实现的阅读期待：
小组选择的阅读方法：

表2：父子情深，爱的归类表

爱的分类	典型语句	我的品析
掏心掏肺的爱		
平等的爱		
"苛刻"的爱		
细心的爱		
……		

表3：课前阅读《傅雷家书》在每封信开头标注书信所涉及的教子之道。

教子之道	页码及内容记录	批注或点评
生活细节		
人际交往		
读书求学		
感情处理		

要求：以表格形式归纳或形成思维导读图呈现。

表4. 细读家书，完成下面表格，按不同年份全面梳理傅雷的"艺术观"。

关键词	对应页码内容记录
道德	

续表

关键词	对应页码内容记录
艺术	
历史	
文化	

通过整理四大领域所对应的页码，我发现的是什么？

家书之文化与传情

——《傅雷家书》导读课

【导读目标】

1. 认识中国家书文化并感悟家书文化内涵意义。

2. 在了解家书内容的基础上，感受父爱的真挚与深情。

3. 针对课文专题探究做选择性阅读，抓住傅雷家书中的重点篇章、重点语句，结合不同角度进行阅读摘录，完成小组探究。

4. 引导学生明确自己的阅读期待，并会根据自己的阅读期待去选择匹配的阅读方法。

【导读重点】

1. 针对课文专题探究做选择性阅读。

2. 引导学生明确自己的阅读期待，并会根据自己的阅读期待去选择匹配的阅读方法。

【导读难点】引导学生根据自己的阅读期待去选择设计匹配的阅读方法。

【导读过程】

一、歌曲引入　明晰家书文化

1. 欣赏歌曲：《一封家书》

问题：这首歌给你的感受是什么？你熟悉家书文化是怎样的？

2. "家书"历史由来

> "家书"一词最早见于西汉，顾名思义，是家庭或家族内用来传递信息的书信，指写给自己的父母、儿女、兄弟姐妹和爱人的信件，是人们日常生活中最不可少的也是最重要的一种书信形式。凡此种种，大都随想而至，挥笔自如，举凡议政论治、谈诗论艺、训子诫弟、抒情言志乃至言情论爱、儿女姻亲等家庭琐事，内容大多积极向善，皆可入书。父兄们总是用沧桑历尽的生活阅历、韬光养晦的人生经验、伟岸正直的道德人格来教益自家子孙。时至今日，批卷览阅，仍觉熠熠生辉。[1]

家书文化典范：

问题：你们知道中国的家书典范有哪些吗？

明确：在20世纪，中国有三大家书典范，分别是《曾国藩家书》《梁启超家书》和《傅雷家书》，这些家书，情感真挚，堪称绝代妙笔；这些家书，让我们看到了伟大的人格、博大的胸怀。

今天，我们将研读其中典范《傅雷家书》，一起去领悟傅雷家书的独特魅力。

二、初步感知　明晰家书情怀

1. 家书中，最打动你的书信是哪一封？请说明理由。
2. 假如给你选择的这封家书用朗诵配乐，这首曲子应该是怎样的主旋律？为什么？
3. 各组开展一个朗诵会（温馨提醒：朗读之前，进行朗读设计）。

朗读标记

停顿　|　　连读—　　轻音～～～　　重音．　　语速快　O　　语速慢　△

语气渐强＜　　语气渐弱＞

---

4. 小组合作交流展示诵读作品。

三、整体感知　明晰家书内涵

通过阅读和诵读《傅雷家书》，你认为这是一本怎样的书？（引导：从情感、艺术、修养、品德、礼仪、理想等角度去感悟）

"这是一本饱含对祖国、对儿子深厚的爱的书"——情感

"这是一本关注儿子艺术成长的书"——艺术

"这是一本鼓励儿子从各类艺术中汲取营养，提高艺术修养的书"——修养

"这是一本教育年轻人做人的书"——品德

"这是一本教导儿子待人要谦虚、做事要谨慎、礼仪要得体的书"——礼仪

"这是一本教育儿子做一个德艺俱备、人格卓越的艺术家的书"——理想

……

---

[1] 摘自《寻根小议中国古代家书文化》（有删减）。

四、选择方法　明晰阅读期待

1. 明确读书的几种方法。

（1）教师读书方法的指导：兴趣选择、问题选择、目的选择、方法选择。

读书方法的指导

兴趣选择。选择感兴趣的书或感兴趣的内容阅读。

问题选择。阅读时，带着问题读，关注某一个方面的内容。

目的选择。根据不同的读书目的，可以选择不同的阅读内容。如果是为了与课内学习沟通衔接，可关注与课内关联度较高的内容，如果是为了质疑批评，可以关注你认为可以商讨的内容。

方法选择。阅读不同的文本，可以采取不同的方法。如实用类文本可以采取"冷读"的方法，阅读时头脑冷静，心平气和；文学作品可以采取"热读"方法，阅读时调动情感。

（2）学生参照读书方法指导，选择性阅读方法设计阅读方案，设计阅读方法来实现你的阅读期待。

问题：你们小组最想实现的阅读期待是什么？你们会用哪些阅读方法来实现？

（我们学过的阅读方法有浏览、跳读、精读、做批注、默读、朗读、思维导图等。）

2. 阅读方法指导范例

我们目前最想实现的阅读期待：傅雷作为一名著名的文学翻译家、文艺评论家，他在写给儿子书信的过程中，将自己对文学、艺术的看法和见解都传达给了儿子，透过家书我们认识到了他怎样独特的艺术观？

（1）精读：精读傅雷对文学、艺术及其历史的看法和观点，并重点圈画批注。

（2）摘抄：摘抄值得回味的语句或是有哲理、对自己有指导意义的句子。例如：一切艺术品都忌做作，最美的字句都要出自自然，好像天衣无缝，才经得起时间考验而能传世久远，比如"山高月小，水落石出"不但写长江中赤壁的夜景，历历在目，而且也写尽了一切兼有幽远、崇高与寒意的夜景；同时两句话说得多么平易，真叫做"天籁"！

（3）批注：对于自己感悟深刻的片段做批注。

---

3. 合作小组利用表格整理或思维导图归纳观点。

期待设计独特的阅读方案：

小组最想实现的阅读期待：

小组选择的阅读方法：

---

4. 小组合作展示交流

五、作业布置

1. 按照小组喜欢的阅读方案，完成专题的阅读。

2. 家书中，最打动你的书信是哪一封？请说明理由，并准备朗读最精彩的一段。

3. 阅读《傅雷家书》，在每封信开头标注书信所涉及的教子之道，进行典型摘录和评析。

教子之道	页码及内容记录	批注或点评
生活细节		
人际交往		
读书求学		
感情处理		

父爱之细腻与独特
——《傅雷家书》研读课

【研读目标】

1. 能够在了解家书内容的基础上，在品读中体会父爱的细腻与独特。

2. 细读傅雷给儿子提出"生活细节、人际交往、读书求学、感情处理"的建议，感受傅雷的教子之道。

3. 能够准确而深刻地理解作品的内涵，探究书信中傅雷的教子之道。

【研读重点】在了解家书内容的基础上，体会浓浓的父爱。

【研读难点】准确而深刻地理解作品的内涵，探究书信中傅雷的教子之道、父子深情。

【研读过程】

一、寻找细节品读父爱之细腻

傅雷每一封信字里行间无不透露出浓浓的父爱。请梳理出以下几个方面体现出父爱的具体内容，从文中找出相应语句将表格填完整。

用心发现"爱"

爱的分类	典型语句	我的品析
掏心掏肺的爱	亲爱的孩子，你走后第二天，就想写信，怕你嫌烦，也就罢了。可是没一天不想着你，每天清早六七点钟就醒，翻来覆去的睡不着，也说不出为什么。好像克利斯朵夫的母亲独自守在家里，想起孩子童年一幕幕的形象一样，我和你妈妈老是想着你二三岁到六七岁间的小故事	傅雷作为一名男性家长，对儿子的这份牵挂，这份关爱却格外细腻。这份爱是温暖而感人、深沉而伟大的。对于儿子的成长，他充满期待与牵挂。其实，每一位家长都希望子女健康成才，我们深深感到这份骨肉亲情，让我们学会理解父母之苦，勇敢、快乐地成长吧！
平等的爱		
"苛刻"的爱		
细心的爱		
……		

师生研讨交流：结合情感朗读，体验、品味父子间的浓浓情谊。

二、研讨归纳　品析教子之独特

1. 在傅雷的书信中，我们看到了他对孩子独特的教育。完成"我来说'傅雷教子之道'"合作表格。

教子之道	内容点评
生活细节	
人际交往	

续表

教子之道	内容点评
读书求学	在 1956 年 10 月 11 日下午的那封信中提到："学习方面，我还要重复一遍：重点计划必不可少。平日生活要过得有规律一些，晚上睡觉切勿太迟。"傅雷对于儿子读书求学真可谓高标准严要求，不仅要有计划性更要有高效性。傅聪之所以在学业上取得如此大的成绩，与父亲的督促教导是分不开的。对此，你还有更多的例子及想法吗？
感情处理	在 1960 年 8 月 29 日晚，傅雷写道："对终身伴侣的要求，正如对人生一切的要求一样不能太苛。我觉得最重要的还是本质的善良，天性的温厚，开阔的胸襟。"在儿子的择偶问题上，傅雷仍然坚持"做人"是最根本的，因此他提出了对方要"善良""温厚""有开阔的胸襟"，这不正是值得追求的正确爱情观吗？还有哪些地方有体现呢？让我们一起来交流这个话题吧！

2. 小组交流活动发言。

三、诵读展示　体验父爱情深

透过温暖的文字、温馨的画面、第一人称的语言感受父子间浓浓的深情吧。

1. 诵读：配乐诵读表达父爱情深的句子或段落。

父爱情深
情景一：今天是除夕，想到你在远方用功，努力，我心里说不尽的欢喜。别了，孩子，我在心里拥抱你！
情景二：你真不愧为一个现代的中国艺术家，有赤诚的心、凛然的正义感，对一切真挚、纯洁、高尚、美好的事物都忠心热爱，我的教育终于开花结果。
情景三：我祝福你，我爱你，希望你强，更强，永远做一个强者，有一颗慈悲的心的强者！
情景四：正因为我爱一切的才华，爱一切的艺术品，所以我也把你当做一般的才华，当做一件珍贵的艺术品而爱你。
情景五：我总感觉为日无多，别说聚首，便是和你通讯的乐趣，尤其读你来信的快慰，也不知我能享受多久。
……

2. 研讨：书信体第一人称表达情感的作用？

四、走进现实　感受父母之爱

1. 问题：傅雷的教育方式让我们佩服，现实生活中我们的父母是怎样教育我们的呢？你认为你的父母爱你吗？

分享交流：学生分享评价自己父母教育的方式。

五、作业布置

1. "父子情深"我来写：在品读完傅雷对儿子全方位的爱，我们是否能够深深地体会到父子之间深厚的感情，请以《两地书　父子情》为题写一篇短文。

2. 给自己父母写一封信交流自己内心真实的想法，表达内心的困惑，并向父母表达自己的爱。

3. 细读家书，完成下面表格，按不同年份全面梳理傅雷的"艺术观"。

关键词	对应页码内容记录
道德	
艺术	
历史	
文化	

通过整理四大领域所对应的页码，我的发现是什么？

父爱之崇高与深沉

——《傅雷家书》阅读交流课

【交流目标】

1. 深读傅雷给儿子家书的建议，感受傅雷教子之道的独特性。
2. 感受傅雷的教导对傅聪人生的意义，体察父爱的崇高与深厚。
3. 通过归纳傅雷的"艺术观"，进一步了解傅雷其人。

【交流重点】感受傅雷的教导对傅聪人生的意义，体察父爱的崇高与深厚。

【交流过程】

一、回顾经典家书　感悟"教子"之道

1. 回顾傅雷用心的"爱"。
2. 回顾"傅雷教子之道"。

二、深究教子之道　感受父爱崇高

1. 阅读傅聪的相关资料，结合问题对傅雷的教子之道进行探讨。

傅聪简介

　　傅聪，上海人，出生于 1934 年，8 岁半开始学习钢琴，9 岁师从意大利钢琴家梅百器。1954 年留学波兰，1955 年获"第五届肖邦国际钢琴比赛"第三名和"玛祖卡"最优奖，1959 年起步入国际音乐舞台，曾获"钢琴诗人"之美名。傅聪是个德艺具备、品格卓越的人，在国际乐坛备受尊敬，上世纪六七十年代，他曾是美国《时代周刊》及诸多重要音乐杂志的封面人物，更是世界重要国际钢琴大赛评委。

问题：

1. 请你评价傅聪的成就。（明确：傅聪的一生是成功的，他的成就也是非凡的）
2. 傅雷是怎样教育影响傅聪的？从不同角度进行归纳。

（1）做人指导方面

傅雷对傅聪的教育，做人是最重要的吗？傅雷最希望傅聪成为一个怎样的人？

引读 1954 年 10 月 2 日书信：

　　人一辈子都在高潮低潮中浮沉，唯有庸碌的人，生活才如死水一般；或者要有极高的修养，方能廓然无累，真正的解脱，只要高潮不过分使你紧张，低潮不过分使你颓废，就好了。一个人唯有敢于正视现实，正视错误，用理智分析，彻底感悟，终不至于被回忆侵蚀。我相信你逐渐学会这一套，越来越坚强。

（2）人生选择方面

傅聪在留学波兰后，曾经想到苏联进修学习。面对傅聪的人生选择，傅雷是持怎样的态度？怎样引导他做出正确选择的？

引读 1955 年 4 月 3 日书信：

　　今日接马先生（三十日）来信，说你要转往苏联学习，又说已与文化部谈妥，让你先回国演奏几场；最后又提到预备叫你参加明年二月德国 Schumann［舒曼］比赛。我认为回国一行，连同演奏，至少要花两个月；而你还要等波兰的零星音乐会结束以后方能动身。这样，前前后后要费掉三个多月。这在你学习上是极大的浪费。尤其你技巧方面还要加工，倘若再想参加明年的 Schumann［舒曼］比赛，他的技巧比萧邦的更麻烦，你更需要急起直追。

　　一个人要做一件事，事前必须考虑周详。尤其是想改弦易辙，丢开老路，换走新路的时候，一定要把自己的理智做一个天平，把老路与新路放在两个盘里很精密地称过。现在让我来替你做一件工作，帮你把一项项的理由，放在秤盘里。

明确：傅雷在教育儿子方面循循善诱、苦心孤诣。

三、深入了解傅雷人生　感悟父爱深沉

1. 傅雷简介

> 傅雷（1908-1966），我国著名翻译家、文艺评论家。毕生翻译巴尔扎克、罗曼罗兰、伏尔泰等作家的文学名著。主要作品有《约翰·克利斯朵夫》、《欧也妮·葛朗台》、《高老头》等。傅雷一生译作宏富，备受中国译界推崇。"文革"期间，与其妻双双被迫害致死。

2. 家人眼中的傅雷

> 【妻子】朱梅馥："他为人正直不苟，对事业忠心耿耿。"
> 【儿子】傅聪："我的父亲是个懂生活、有思想的人，他把人格看得比任何东西都可贵。"

3. 他人眼中的傅雷

> 【好友】楼适夷："傅雷的艺术造诣是极为深厚的，对古今中外的文学、绘画、音乐各个领域都有极渊博的知识。"
> 【画家】黄苗子："傅雷非常爱这个国家，所以对这个国家的要求也很严格。他爱他自己的文章，爱他所翻译的作家的作品，爱生活的一切，所以对它们非常认真。"

4. 欣赏傅雷"艺术观"：归纳傅雷的"艺术观"，进一步了解傅雷其人。

关键词	对应内容及对应页码
道德	真诚是第一把艺术的钥匙。知之为知之，不知为不知。真诚的"不懂"，比不真诚的"懂"，还叫人好受些。最可厌的莫如自以为是，自作解人。有了真诚，才会有虚心，才肯丢开自己去了解别人，也才能放下虚伪的自尊心去了解自己。见 P140
艺术	一切艺术品都忌做作，最美的字句都要出自自然，好像天衣无缝，才经得起时间考验而能传世久远，比如"山高月小，水落石出"不但写长江中赤壁的夜景，历历在目，而且也写尽了一切兼有幽远、崇高与寒意的夜景；同时两句话说得多么平易，真叫做"天籁"！见 P219
历史	听过你的唱片，更觉得贝多芬是部读不完的大书，他心灵的深度、广度的确代表了日耳曼民族在智力、感情、感觉方面的特点，也显出人格与意志的顽强，缥缈不可名状的幽思，上天下地的幻想，对人生的追求，不知其中有多少深奥的谜。见 P276
文化	巴尔扎克不愧为现实派的大师，他的手笔完全有血有肉，个个人物历历如在目前，决不像罗曼·罗兰那样只有意识形态而近于抽象的漫画。见 P260

明确：傅雷总的艺术观："做一个德艺俱备、人格卓越的艺术家。"

5. 读者眼中的傅雷

要求：结合《傅雷家书》中读到的内容，用词语形容你感受到的傅雷形象，并且写下你对他的评价语。

【读者】我们：读了《傅雷家书》，我感受到的傅雷是这样的：

四、研读家书文化 深悟家书内涵

1. 中华家书文化历史[1]

家书凝聚了汉文明特殊家庭观念。

2200多年前，秦朝兵丁"黑夫"和"惊"在一篇竹简上写下"再拜问衷，母毋恙也"，开启了中国家书宏篇序幕。

汉朝时期，家书是必不可少的日常沟通交流方式，其载体趋于丰富，除了写于竹简，又有鸾笺、雁帛等别称。东汉后期，蔡伦发明造纸术之后，家书真正融入千家万户。

宋朝是家书发展高峰。这一时期，家书开始夹杂着大量中国传统的道德观、价值观。如范仲淹的《告诸子及弟侄》，从生活、为人、为官等多方面告诫晚辈，提醒亲人。

到了明清时期，在士大夫"修身齐家治国平天下"的观念影响下，家书不再是单纯的信息通传。其立意广博，信息丰富，堪称"百科全书"。此间《曾国藩家书》堪称典范。

2. 中华家书文化总结：中华家书文化将道德修养与人生感悟等传授给子孙后代，不同时代的家书都譬喻其理、箴规子弟，起到引领、熏陶、规劝、训诫等作用，使后人们能够开启心智、陶冶操守、修身养德。

五、作业布置

1. 感受中华家书文化，推荐阅读不一样的家书，例如《曾国潘家书》，并摘录你认为最精彩的一段，朗读体会。

2. 请你围绕傅雷某一"艺术观"在文稿纸上给傅雷写一封回信，表达你对他的观点的理解或你对这个话题的看法。（600字以上）

3. 栏目习作：传承家书文化，学校阳光新声音栏目《家校书信专栏》等待你的投稿。

---

[1] 选自《传承中国传统文化 感受家书中的家园情怀》。

苏菲的世界

——【挪威】乔斯坦·贾德

有趣的哲学

一、作品介绍

【名著档案】

书　　名：《苏菲的世界》　　体裁：魔幻文学系列小说　　作者：乔斯坦·贾德

成书时间：1991年　　人物：苏菲　席德　艾伯特　艾勃特　哲学家们

关　键　词：哲学

地　　位：世界畅销作品，全球销量超三亿，获挪威、西班牙、德国等国图书大奖。

【作者简介】

乔斯坦·贾德（Jostein Gaarder），是挪威一位世界级的作家。1952年8月8日出生于挪威首都奥斯陆，大学时主修哲学、神学以及文学，曾担任文学与哲学教师。自1986年出版第一本创作以来，已成为当代最重要的北欧作家。其后10年，他在芬兰教授哲学，1991年他成为一位全职作家。乔斯坦·贾德的代表作是《苏菲的世界》，他擅长以对话形式述说故事，能将高深的哲理以简洁、明快的笔调融入小说情境。他的作品动人心弦，启发无数读者对个人生命、对历史中的定位以及浩瀚宇宙的探讨。乔斯坦·贾德除致力于文学创作，启发读者对生命的省思外，对于公益事业亦不遗余力。他于1997年创立"苏菲基金会"，每年颁发十万美金的"苏菲奖"，鼓励能以创新方式对环境发展提出另类方案或将之付诸实行的个人或机构。

【创作背景】

"哲学"一词源自希腊语，有"爱智慧"之意，对于芸芸众生来说，它并不是灵丹妙药，但是在人的一生中，如果从来不去留意、爱好这一人类智能的结晶，体验先哲们的心得,那么注定将会陷于心灵的封闭与终结,尽管它不如流行小说那么受人欢迎,但仍有众多的仁人志士在研究与关心这门古老的学问。挪威作家乔斯坦·贾德为了让普通人特别是青少年能更好地了解哲学这门学科,特意创作了《苏菲的世界》这本很好的哲学启蒙书,它用通俗的语言讲述从柏拉图以前一直到20世纪的整部世界哲学史。

【内容简介】

(一)思想意义

《苏菲的世界》是一部哲学史启蒙书,给读者提供了一个智慧的世界、梦的世界。它唤醒每个人内心深处对生命的赞叹与对人生终极意义的关怀与好奇,引发人们对现实意义的思考。[1]

1. 正确认识自己。

2. 用哲学来开启智慧。

3. 探索生命的内涵。

(二)内容概览

本书以14岁的少女苏菲某天放学回家,收到了神秘的一封信为开端。"你是谁?世界从哪里来?"这两个问题使苏菲陷入了深深的思考之中,从这一天开始,苏菲不断接到一些极不寻常的来信,世界像谜团一般在她眼底展开。在一位神秘导师的指引下,苏菲开始思索从古希腊到康德,从祁克果到弗洛伊德等各位哲学家所思考的根本问题。她运用少女的悟性,加上后天的不断学习积累,试图解开这些谜团。魔镜、少校的小屋、黎巴嫩寄给席德的明信片、会说话的汉密士、写着生日祝福的香蕉皮、现实中出现的梦中的金十字架、捡到的10元硬币……这些接连不断的奇闻逸事引导苏菲一步步前进。她也在这段神奇的旅程中收获了不一样的体验。

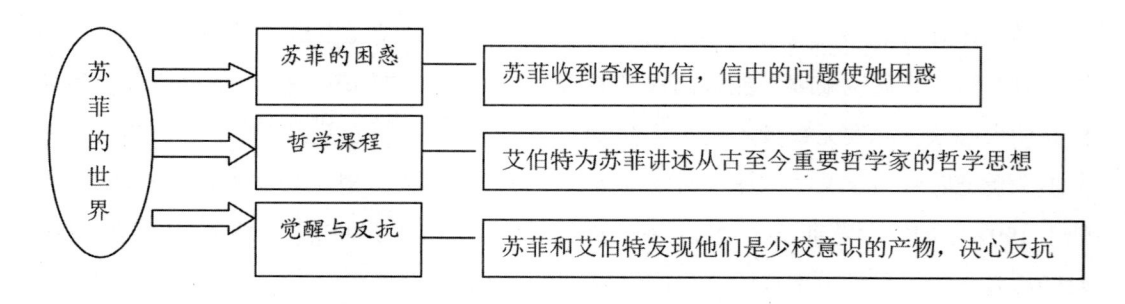

苏菲的世界	苏菲的困惑	苏菲收到奇怪的信,信中的问题使她困惑
	哲学课程	艾伯特为苏菲讲述从古至今重要哲学家的哲学思想
	觉醒与反抗	苏菲和艾伯特发现他们是少校意识的产物,决心反抗

---

[1]《名著导读·考点精练》(八年级)第74页,牛胜玉主编,湖南师范大学出版社

(三) 章节解读

章节	章节标题	内容解读
一	伊甸园	14岁少女苏菲住在市郊,某天放学回家,她收到了神秘的信:"你是谁?""世界从何而来?"还有古怪的明信片,上面的收件人是"苜蓿巷三号,苏菲收"。于是苏菲有了三个烦恼:谁写的信?信里提出的难题如何回答?席德是谁?
二	魔术师的礼帽	从这一天开始,苏菲不断接到一些极不寻常的来信,她躲进自己的密洞里看信,信里提出"哲学是什么"的问题,告诉她好奇心的重要性,将她从凡俗生活中震醒,彻底改变了她的精神世界,苏菲开始努力思考,并用仿佛乍见的眼光打量这个世界
三	神话	这天的神秘信件与神话故事有关,她开始思考"神话的世界观",神话里善恶之间有脆弱的平衡,神话的作用是为人们不了解的事物寻求一个答案,而希腊哲学家努力证明这些解释是不可信赖的
四	自然派哲学家	强调没有任何一位哲学家会企图探讨哲学的所有领域。老师梳理从古希腊到现代的渊源:自然派哲学家批评神话,认为宇宙有一种基本物质是所有事物的头。苏菲得出结论:哲学非常人可学,但可用哲学方式思考
五	德谟克利特斯	苏菲开始探查神秘人身份,决心等到神秘的送信人。这封信提出问题"积木为何是世界上最巧妙的玩具",第二天老师谈论的是德谟克里特斯,提到原子理论
六	命运	苏菲没有等到送信人,决定给哲学家回信,约他共进咖啡。这一天苏菲终于发现哲学家是一个头戴扁帽的男人,他今天的授课内容是命运,还介绍了德尔菲的神谕。古希腊人相信神能使生病的人痊愈,但同时希腊医学开始兴起。苏菲在爬到床底下时发现了一条写着"席德"字样的围巾
七	苏格拉底	哲学老师将信直接送到密洞里,信的署名是艾伯特,苏菲想知道她和席德之间的关系,她想坐在密洞里等老师,然而送信的是一只猎狗。今天的哲学介绍了苏格拉底时代雅典的主流学派"诡辩学派",这个学派宣称世间没有绝对的是非标准,而同时代的苏格拉底说"我只知道一件事,就是我一无所知",他认为真正的知识来自于内心,而不是得自别人的传授
八	雅典	苏菲今天收到了一卷录影带,老师艾伯特在录像里向她介绍了高城和古代雅典遗迹,领略了昔日的建筑风采,她甚至见到了苏格拉底和柏拉图。柏拉图亲自问了苏菲三个问题:一个面包师傅如何能做五十个一模一样的饼干?为何所有的马都一样?男人与女人是否一样具有理性?
九	柏拉图	猎狗汉密士又送信来了,苏菲企图追上它去见艾伯特,但又失败了。今天的信里,老师向她介绍了苏格拉底的学生柏拉图。柏拉图认为物质世界会消失或者改变,但是形成各种事物模样的精神模式或抽象模式永恒不变

续表

章节	章节标题	内容解读
十	少校的小木屋	苏菲决定深入森林寻找艾伯特，最后来到了一座小木屋，发现那就是老师和汉密士的家，她在那里也发现了席德的照片。惊慌失措的苏菲带着一封写着她名字的信跑了出来，信里依旧是几个问题。回家后妈妈告诉了她那是"少校的小木屋"。苏菲想要弥补自己擅自闯入别人家的错误，就给哲学家写信道歉
十一	亚里士多德	哲学家并没有生气，继续教导苏菲哲学，今天他介绍了严谨的逻辑学家亚里士多德。苏菲深有感触，察觉到自己的房间凌乱，开始整理房间，并拿回了密洞里的信，按次序整理好了所有的哲学知识
十二	希腊文化	苏菲又接到席德爸爸请她转交给席德的明信片，可是席德是谁呢？苏菲来不及思考，因为今天要进行宗教知识考试，苏菲很好地运用了哲学家教给她的知识，但是被老师察觉到她最近没有做作业。今天哲学家告诉她以后将取消提问的信，开始介绍希腊文化，重点介绍犬儒学派、斯多葛学派、伊壁鸠鲁学派、新柏拉图派这四个哲学学派以及神秘主义
十三	明信片	好几天没有收到哲学老师的信，苏菲和乔安去露营，决定去"少校的小木屋"探险。他们发现了一叠请艾伯特转交席德的明信片，里面提及要准备很棒的生日礼物，最后一封信也提及了苏菲和乔安，苏菲怀疑明信片是直接从木屋的镜子里飞出来的，就把镜子带回了家
十四	两种文化	在接下来的信里，老师从宗教角度讲解了印欧民族和闪族文化，最后告诫苏菲熟悉我们在历史上的根是"人之所以为人的唯一方式，也是我们避免在虚空中飘浮的唯一方式"
十五	中世纪	艾伯特很久没有来信了，5月25日才收到了一张需要转交席德的明信片，然后苏菲接到了艾伯特的电话，并有了凌晨四点的教堂之约。在教堂里，艾伯特介绍了"中世纪"，并按照时间先后介绍了圣奥古斯丁圣多玛斯。苏菲惊悚地发现中世纪也有席德佳、苏菲亚、大艾伯特
十六	文艺复兴	苏菲梦到了席德，醒来发现枕头底下多了一条金色的十字架链子。猎狗汉密士接苏菲到市区另一边上课，苏菲觉得自己受到了席德父亲的监视。艾伯特今天授课的内容是文艺复兴，哥白尼提出地球绕太阳运行，伽利略提出惯性定律，牛顿在此基础上提出万有引力定律。这一次，艾伯特错口把苏菲叫成了席德，他意识到是席德的爸爸控制了他们
十七	巴洛克时期	苏菲向妈妈坦白认识艾伯特，又一次来到艾伯特家学习，并保证如果七点不回家就打一个电话。巴洛克时期的知识包含莎士比亚、天才诗人达斯以及理想与唯物主义。这个时期的笛卡尔和斯宾诺莎也在思考灵魂与肉体的关系

续表

章节	章节标题	内容解读
十八	笛卡尔	笛卡尔是现代哲学之父，是一个二元论者，他认为"我思故我在"。苏菲找不到更多关于席德的资料，当她输入"艾勃特"时跳出了来自黎巴嫩的艾勃特少校，原来他是席德的爸爸，并发现席德爸爸"艾勃特"和老师"艾伯特"名字十分相像
十九	斯宾诺莎	斯宾诺莎是第一个对圣经进行"历史性批判"的人，他是一个泛神论者，之后他们讨论了一元论，自然法则等。在香蕉皮里又发现了对席德的生日祝贺，苏菲再次肯定席德的爸爸一直在通过苏菲和艾伯特的嘴巴说话
二十	洛克	苏菲回到家的时候已经八点半了，中途忘记打电话回家，为了向妈妈证明自己没有说谎，就向妈妈展示了录影带。苏菲去艾伯特家学习主张经验主义的哲学家，洛克就是其中之一，洛克认为感觉和思维是不同的，也倡导了许多开明的观念，比如后来的"政权分立"
二十一	休谟	休谟是经验主义哲学家中最重要的一位。他认为要用人类的理性来证明宗教信仰是不可能的，是"不可知论者"。我们许多人都是"习惯性期待"的奴隶。他也是启发康德走上哲学研究道路的人
二十二	柏克莱	关于祝贺席德"生日快乐"的祝贺语越来越频繁地出现，在怀疑中苏菲他们继续学习柏克莱。然后苏菲又被叫成了席德，苏菲怀疑，对于自己和艾伯特来说，席德父亲可能就是造成自己的"意志"或"灵"
二十三	柏客来	席德家的花园是"柏客来"山庄，今天是席德15岁生日，爸爸一直提示要给她送一份神秘的生日礼物。好奇的席德打开了生日礼包，是一叠打好字的纸张，题目是《苏菲的世界》，原来苏菲的故事是爸爸写给女儿席德的一本书，可是席德觉得苏苏菲确实存在于这个世上
二十四	启蒙	席德继续阅读《苏菲的世界》，苏菲也过了生日，并且认识到他们要在仲夏节之前上完哲学课。他们已经充分相信自己只是席德父亲创造出来的作为他女儿生日消遣的礼物，他们想要将自己移出少校的内在宇宙。艾伯特继续讲授启蒙运动，这个时期的哲学家认为所有非理性的行为和无知的做法迟早会被文明的人性取代
二十五	康德	席德为苏菲只是一个虚构的人而难过，但是她深受故事吸引。哲学老师艾伯特继续给苏菲讲授康德。康德认为不仅心灵会顺应事物的现状，事物也会顺应心灵，为了维护道德，应该假定人有不朽的灵魂
二十六	浪漫主义	席德对这故事入迷了：苏菲要举办哲学宴会，邀请艾伯特参加，艾伯特正在拟订挣脱艾勃特的计划。这次会面他们讨论的是浪漫主义，并且讨论从这本书里逃走，过自己的生活

续表

章节	章节标题	内容解读
二十七	黑格尔	席德越来越同情苏菲。这时候书里的艾伯特正在向苏菲介绍黑格尔。黑格尔的辩证法不仅适用于历史，更适合以辩证的方式思考。黑格尔认为世界精神回到自我需要经过"主观精神，客观精神、绝对的精神"三个阶段，也就是说"哲学是世界精神的镜子"
二十八	祁克果	席德决定帮助苏菲跟爸爸开几个玩笑。今天的故事中，《爱丽丝梦游仙境》中的爱丽丝送来两瓶水让苏菲喝下，苏菲产生了幻觉，以一种崭新的方式感受个体，并在此基础上很好地学习了祁克果
二十九	马克思	席德找到好朋友安娜一起为苏菲尽一点心。故事里的苏菲也正在和好朋友乔安为"哲学花园宴会"做准备，她们计划从中做点什么。今天通过史吉吉和卖火柴的小女孩转入马克思、恩格斯、列宁、斯大林、毛泽东，这些人都对马克思主义的形成有贡献
三十	达尔文	马克思创立了人类历史进化的理论，而同时代的达尔文创立了有机物进化的理论。达尔文的《物种起源论》提出了"进化论"以及"物竞天择，适者生存"的观点，但是他对遗传没有什么概念，期间出现的故事人物是亚当和夏娃。之后他们还讨论了生命的起源
三十一	弗洛伊德	今天的童话人物是穿新衣的皇帝。苏菲和艾伯特开始讨论弗洛伊德，他擅长精神分析，认为人类的意识只是他心灵中的一小部分而已，提出了"潜意识"的概念。艾伯特要求苏菲在回家的路上吸引作者艾勃特的注意力，为他的计划打掩护
三十二	我们这个时代	席德做了和苏菲以前做过的一样的梦。苏菲一路捣蛋，结果被卡在树上，被一只懂哲学的大雁救了回来，然后开始准备花园宴会。艾伯特约苏菲在咖啡厅讲这个时代的哲学，比如萨特和存在哲学。这个时代其他哲学潮流也开花结果，如新圣多玛斯主义、分析哲学、唯物主义等新旧学说杂陈并列，并提出20世纪"生态哲学"的意义，通过超自然现象强调了真正的哲学家应该睁大眼睛发现生活
三十三	花园宴会	终于到了花园宴会的时候了，大家玩得很开心，艾伯特先生也来了。他发表了哲学演讲，宣布要从少校的意识里偷偷溜走的反抗想法。征得妈妈的同意后，苏菲和艾伯特跑进了密洞，消失了
三十四	对位法	席德关心着苏菲和艾伯特的秘密计划。苏菲他们因为对位法和周围的人不能再有真正的接触，他们计划开着车回去看看少校回到柏客来山庄以后会发生什么。少校艾勃特在机场的时候被各种突然出现的神秘信封要得团团转，虽然他不喜欢被人操纵。而另一头开车的苏菲和哲学老师来到了永恒之乡。艾勃特顺利回到了家，苏菲也赶到了柏客来山庄，却没能和席德交谈

续表

章节	章节标题	内容解读
三十五	那轰然一响	爸爸艾勃特给席德讲宇宙的许多知识，终有一天会发生宇宙大爆炸。苏菲和艾伯特发现：以前是自己看不见席德他们，现在是席德他们看不见苏菲和艾伯特了，他们逃脱成功了，可是苏菲有没有办法介入席德他们的世界呢？

二、实施要求

【设计理念】

遵循整本书阅读的原则，还原哲学的神秘，化深奥为浅显，借助故事形式让学生在阅读中一边行进在"苏菲世界"的故事里，一边在故事中"遇见"哲学大师及他们的哲学思想。基于学生的阅读和文学作品的实际，以"导读·情节"为主线推进阅读，以"研读·人物"为重点评析哲学世界中的人物，以"交流·哲学"为焦点沉淀哲学思维。

【整体框架】

《苏菲世界》教学流程设计大致如下：

1. 以浏览或批注的方式让学生借助"篇章阅读指导"完成作品内容熟悉，感受构书方式及阅读的意义。

2. 围绕"情节·人物·哲学"进行导读熟知、精读感悟与自读交流三课时的指导设计。

3. 挖掘哲理作品的魅力，引导思考。

三、导读攻略

【阅读计划】

要求：

每天完成2—3章节，2周完成阅读。

借助"章节解读"，边阅读边批注（直接批注在书上）。

任务：

1. 动脑：席德的爸爸写这本《苏菲的世界》的初衷是什么？

2. 动手：给书中的相关人物建立"人物档案"（提示：可从身份、性格形象、主要事件入手）。

用表格形式整理书中出现的哲学派系或理论（提示：关注人物、哲学理论）。在阅读中对每章节出现的精彩片段进行批注。

【阅读策略】

1. 精读泛读相结合。

《苏菲的世界》是一部西方哲学史的梳理，行文注重逻辑和脉络。先泛读浏览全文，整体初步了解，找到自己的阅读兴趣点和阅读难点再做精读，提升阅读层次。

2. 圈点勾画与批注相结合。

在阅读中进行圈点勾画和批注，边读边思考，养成良好的阅读习惯，充分发挥主观能动性，自主阅读、思考和交流。

苏菲世界：从混沌走向智慧

——《苏菲世界》导读课

【导读目标】

1. 借助"章节解读"，熟悉作品内容，初步了解书中主要哲学家或哲学流派的哲学观点。

2. 学习作者运用设置悬念的写法构思故事。

3. 体会作者对自我的独特思考与感悟，以及对人生终极意义的关怀和好奇。

【导读重点】熟知作品内容，学习作者运用设置悬念的写法构思故事。

【课前准备】初步阅读作品并整理书中人物和书中提及的哲学观点。

【导读过程】

导入：出示两句评价（3分钟）

---

1. 《苏菲的世界》可以当做哲学启蒙书来阅读，她的小说部分，苏菲的主体自觉过程则颇像侦探故事加上现代版的《爱丽丝梦游仙境》，哲学加侦探，加幻想，再加上宇宙观，它让人更加心襟开阔，这不正是哲学"爱智"最古典的要义吗？

——作家 南方朔

2. 哲学不是万灵丹，但是从来不去留意"爱好智慧"的重要与前人的心得，那么注定会陷于心灵封闭与终结，这或许是本书广受欢迎的原因吧。为了使人从困惑到觉悟，本书提供了一盏明灯。

——哲学教授 傅佩荣

学生齐读评价语言，说说自己对这两句话的理解。

教师：都说《苏菲的世界》是一个有趣的故事世界，更是一本实用的哲学普及读物，打开书本，让我们用自己真实的阅读来体验吧。

一、**概述作品，整体感知**。（10分钟）

1. 用一句话概述作品内容。（2分钟）

明确：《苏菲的世界》主要以主人公苏菲不断接到一位陌生神秘人寄来的信件为线索，从哲学的角度向人们揭示了世界与大自然等的形成与发展……告诉人们，人类赖以生存的地球是一个怎样的世界。

2. 你在书中看到了什么？（8分钟）

（1）阅读方法引导——选择性阅读

师：如何在阅读一部作品中有效地获取自己想要的东西，并能阐述自己的发现，推荐一些阅读方法，供大家在阅读时借鉴——

选择性阅读

1. 兴趣选择

可以选择书中你感兴趣的话题，如《苏菲的世界》中哲学流派、人物关系或形象等，选择自己的兴趣"点"重点精读。

2. 问题选择。

根据"内容解读"罗列一些自己想知道的或不理解的话题/问题，带着问题去阅读。

3. 目的选择。

思考阅读作品的目的，然后做好阅读计划，围绕目的去选择相关内容。

（2）学生从各个角度自由发表自己的阅读新知（内容、感悟、哲学流派、创作手法等）。

二、**学习创作，聚焦悬念**。（20分钟）

1. 导入（2分钟）

问："苏菲的世界，有趣的哲学"，你认为作者是如何创造这个"有趣"的呢？

交流，明确：书中设置大量的悬念，使小说情节充满离奇趣味，环环相扣，引人入胜。

2. 感知悬念（15分钟）

（1）阅读文段，并作批注。

提示：从"悬念"角度思考作者是如何实现激发读者的阅读兴趣的。

阅读材料——

(一)

突然间,一件骇人的事情发生了。有一霎那,苏菲很清楚地看到镜中的女孩同时眨着双眼,苏菲吓得倒退了一步。如果是自己同时眨动双眼,那她怎么看到镜中的影像呢?不仅如此,那个女孩眨眼的样子仿佛是在告诉苏菲:我可以看到你哟,我在这里,在另外一边。

(二)

"……对于你我来说,这个'造成万物中的万物'的'意志或灵',可能是席德的父亲。"苏菲震惊极了,她的眼睛睁得大大的,一副不可置信的样子,但同时她也开始悟出一些道理来。

学生阅读文段,小组讨论,并做批注。

小组交流,个别补充。

明确:小说擅长在人物及情节中设置悬念,使得故事神秘离奇。如文段(一)席德是真实存在的,而苏菲则是虚构的,她自己很明白这一点,但她依然不停地追求真理哲学,哲学影响了苏菲的世界,而苏菲也影响了席德,两个女孩都知道彼此的存在,也许作者想说明苏菲不仅仅是一个小说人物,也是一个活在人们心目中的人;文段(二)作品开始部分"我是谁""世界从何而来"这些看似很普通的问题让苏菲在迷茫中开始思索,并在她的哲学老师艾伯特的引导下了解西方哲学领域之后,苏菲与艾伯特探索了一切,发现了真相,自己不过是那位海军军官书中的人物用来给将要15岁的女儿席德上哲学课的,但苏菲接受了真相。作品最后,苏菲坚持与艾伯特从书中的世界里出来,背离家庭和友人,坚定地去探索真实的世界。

3. 小组合作:阅读下处"悬念",说说自己的发现。(3分钟)

"跟钉牢了一样。"艾伯特说。

……

"你看小船的绳子自己松开了!"

"真的是这样!"

"怎么会呢?在你回来前,我还到那里去检查过的。"

"是吗?"

三、作业布置:微格写作,自我评价。(7分钟)

1. 小组合作:使用人物悬念、情节悬念等设置悬念的方法集体创作一个故事片段。(5分钟)

2. 组内评改,小组交流。(2分钟)

苏菲的世界：虚实之间辨真我

——《苏菲的世界》研读课

【研读目标】

1. 通过人物形象的分析，了解"元小说"的"虚构"特质。

2. 通过对比分析，唤醒学生内心深处对生命的赞叹与对人生终极意义的关怀与好奇。

【研读重点】通过人物形象的分析，了解"元小说"的"虚构"特质。

【研读难点】通过对比分析，唤醒学生内心深处对生命的赞叹与对人生终极意义的关怀与好奇。

【研读过程】

一、"真实"的苏菲

《苏菲的世界》一书人物众多，请说说你最喜欢的人物，并结合故事内容分析人物形象。

参考（主要人物）：

人物	简介
苏菲·阿曼德森	苏菲是《苏菲的世界》的主角。她是一个充满好奇心又活力十足的14岁女孩，15岁生日之前她得知自己的生活是艾勃特·纳格的发明。苏菲从艾伯特·诺克斯处得知这一切和许多其他事情。艾伯特·诺克斯则是艾勃特·纳格创造的哲学家，是苏菲的老师。苏菲不仅仅向艾伯特学习，也向他提问并表现出自己想要实施的想法。小说结尾处，苏菲表明她是一个哲学家，因为她能够从不同角度看待事物并能实践自己所想。苏菲为人友善，但不善交际。更多时候她是在自省，而不是交谈，事实上，苏菲开始学习哲学以后，她几乎忘记了她的好朋友乔安。苏菲很挑剔，对她爱的人也不放过。她母亲在整本书中不得不多次听苏菲的批评，乔安和艾伯特也听了不少。苏菲坚持自己的看法，只愿说出自己的心中所想
艾勃特·诺克斯	作为苏菲的老师，艾伯特·诺克斯代表理想的哲学家。他从不急于判断，总是思考自己所做的事。艾伯特强烈信仰哲学，因为哲学让他明白他因艾勃特·纳格的意志而存在。艾勃特是位出色的老师，因为他迫使苏菲自己思考问题并得出结论，从不为她降低难度，同时他也关心苏菲，希望她能学好

续表

人物	简介
席德	席德是艾勃特·纳格的女儿,苏菲和艾伯特都是为逗她开心而创造出的人物。和苏菲一样,席德也爱沉思,书中的哲学家引发了她的极大兴趣。席德还极富同情心,她同情苏菲和艾伯特,而她父亲却把他们的生活玩弄于股掌之中。席德很独立,在父亲从黎巴嫩回家途中她以其人之道还治其人之身,以此来证明她的独立性。席德深思熟虑,但有时也相信直觉甚于理智。正是她的直觉告诉她苏菲真实存在
艾勃特·纳格	席德的父亲。艾勃特·纳格是苏菲和艾伯特赖以存在的那个聪明人。他为了给他深爱的女儿生日礼物而创造了他们。他有一种具讽刺意味的幽默并且很关心世界。他为联合国工作,希望人们和平和谐相处。艾勃特·纳格还十分希望女儿能把世界(和宇宙)看成是一个特殊的所在。他希望女儿学哲学,那样她就可以思考并以他认为适合的方式去生活。像艾伯特一样,他在内心中也是一位哲学家,世界本身对他来说就足以令人陶醉
苏菲的妈妈	苏菲的妈妈是该书中最滑稽的角色之一,她为苏菲的哲学经历提供了一个陪衬。阿曼德森夫人认为女儿一定是丢了魂,才会开始执着于研究人和动物的差异以及思想如何塑造了人类这些问题。不幸的是,她还代表了世界上那些不愿思考的人

二、"虚构"的苏菲

刚才大家的分享,让我们看到了一群性格鲜明的人物,然而看到过整本书的同学都知道,这本书里的苏菲和她的世界都是虚构的。如何能让虚构的故事吸引大家呢?有人认为,这是因为这本书是以"虚构"贯穿的"元小说",请结合阅读材料和你的阅读体验,说说你的理解。

> 材料一:元小说
> "元小说"是有关小说的小说,是关注小说的虚构身份及其创作过程的小说。传统小说往往关心的是人物、事件,是作品所叙述的内容;而元小说则更关心作者本人是怎样写这部小说的,小说中往往喜欢声明作者是在虚构作品,喜欢告诉读者,作者是在用什么手法虚构作品,更喜欢交代作者创作小说的一切相关过程。小说的叙述往往在谈论正在进行的叙述本身,并使这种对叙述的叙述成为小说整体的一部分。当一部小说中充斥着大量这样的关于小说本身的叙述的时候,这种叙述就是"元叙述",而具有元叙述因素的小说则被称为元小说。
>
> 材料二:《灵》
> 而那颗恒星就是席德的父亲吗?
> 可以这么说。
> 你是说他有点像是在扮演我们的上帝吗?

坦白说，是的。他应该觉得惭愧才对。

那席德呢？

她是个天使，苏菲。

天使？

因为她是这个"灵"诉求的对象。

"你是说艾勃特把关于我们的事告诉席德？"

也可能是写的。因为我们不能感知那组成我们的现实世界的物质，这是我们到目前为止所学到的东西。我们无法得知我们的外在现实世界是由声波组成还是由纸和书写的动作组成。根据柏克莱的说法，我们唯一能够知道的就是我们是灵。

材料三：《反抗》

"谈到我们心中的疑问，必须要从头讲起。我们甚至不能确定自己是否在思考，也许我们会发现自己只是别人的一些想法罢了。这和思考是很不一样的。我们有很充分的理由相信我们只不过是席德的父亲创造出来的人物，好作为他女儿生日时的消遣。你明白吗？"

"可是这当中本身就有矛盾。如果我们是虚构的人物，我们就没有权利相信任何事情。如果这样的话，我们这次的电话对谈纯粹都是想象出来的。"

"而我们没有一点点自由意志，因为我们的言语行动都是少校计划好的。所以我们现在还不如挂断电话算了。"

"不，你现在又把事情看得太简单了。"

"那就请你说明白吧。"

"你会说人们梦见的事情都是他们自己计划好的吗？也许席德的爸爸确实知道我们做的每一件事，也许我们确实很难逃离他的监视，就像我们很难躲开自己的影子一样。但是我们并不确定少校是否已经决定了未来将发生的每一件事，这也是我开始拟定一项计划的原因。少校也许要到最后一分钟——也就是创造的时刻——才会做出决定。"

三、作者与读者·"虚与实"

（一）上帝之手

1. 上校是上帝：在苏菲的世界中，他们的一切都是虚无的，不存在的。他们所有的思想动作以及所发生的一切事情，都是少校所安排好的，少校在那个世界中无所不能，仿佛就是他们的上帝一样。因为少校就是创造他们世界的人。

2. 乔斯坦·贾德是上帝：可事实上，少校和席德不也是虚构的人物吗？他们所做的一切不都是作者乔斯坦·贾德所安排好的吗？我们所看到的席德，就像席德看到的苏菲一样，而贾德，就是席德他们那个世界的上帝吧？

3. 我们是上帝：再放眼我们现在所处的这个世界，这应该是相对于我们的"现实世界"吧？那是不是存在这样一个"上帝"，我们的所作所思，都是这位上帝所安排好了的呢？我们是不是也只是某本书里的虚构的人物呢？那这样我们的存在岂不是毫无意义的吗？

那这位上帝之上，是否还有一位上帝呢……

（二）挣脱桎梏

苏菲和艾伯特是虚构的人物，可竟然也有自己的思想，他们企图脱离书本，不再受少校的摆控，挑战自己世界中的上帝。如果你就是苏菲，那你有能力逃离自己的上帝吗？你又为什么活着？

> 1. 《操纵》：
> "她真幸运，可以做一个真正的人……她以后会长大，变成一个真正的女人……我敢说她一定也会生一些真正的小孩……"
> "她的确很幸运，这点我同意。但是有生必然也会有死，因为生就是死。"
> "可是，曾经活过不是比从来没有恰当地活要好些吗？"
> 2. 《楚门的世界》：人生只有一次，谁都希望自己去走而不是听别人的摆布。
> 3. 泰戈尔：天空没有翅膀的痕迹，但我已飞过。
> 4. 《浮士德》流浪着的追梦人：人必须每天去争取生活与自由，才配有自由与生活的享受！所以在这儿不断出现危险，使少壮老都过着有为之年。我愿看见人群熙来攘往，自由的人民生活在自由的土地上！我对这一瞬间可以说："你真美啊，请你暂停！"我有生之年留下的痕迹，将历千百载而不致湮没无闻——现在我怀着崇高幸福的预感，享受这至高无上的瞬间。

四、人生如梦，梦即现实

苏菲在哲学老师的启发下，认识了自己，最终成功逃离到达永恒之乡。她用自己的行动启发我们去思考生命。每个人都是一个思维的个体，而相对于我们而言，自己的命运要靠自己把握。生命的意义是一个在生命里去努力经历应该经历的一切的过程，有生命者皆应如此。人生的意义是在这些经历里不断去感知和升华最后能有所积淀，有思想者皆应如此。

五、作业布置

课后观看电影《楚门的世界》和《苏菲的世界》，写一篇观后感。

苏菲的世界：我思故我在

——《苏菲的世界》阅读交流课

【交流目标】

1. 通过展示自己的书腰设计并阐述设计理念，整理、固化、表达自己的阅读成果。
2. 在交流中深入思考人生的基本命题，对哲学能有个人独特的理解和体会。

【交流重点】

1. 名著探讨小组，展示自己的书腰设计，并阐述设计理念。
2. 其他小组认真聆听，并能有自己的理解补充。

【交流过程】

一、抛砖引玉

《苏菲的世界》可以当做哲学启蒙书来阅读。它的小说部分，苏菲的主体自觉过程则颇像侦探故事加上现代版的《爱丽丝梦游仙境》，哲学加侦探，加幻想，再加上宇宙观，它让人更加心胸开阔。请结合名著内容，说说如果你是贾德，你会从以下三个版本中，选择哪个版本，为什么？

二、脑洞大开

（一）书腰设计

书腰，出版术语，又叫腰封，定义为"于书籍中间地带另置一条类似腰带的文字介绍，以配合行销或书籍推荐"。

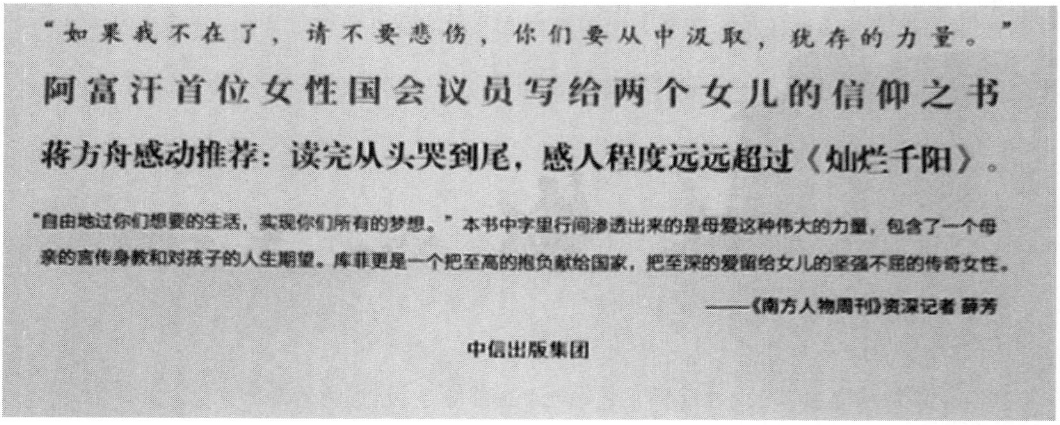

> "如果我不在了，请不要悲伤，你们要从中汲取，犹存的力量。"
> 阿富汗首位女性国会议员写给两个女儿的信仰之书
> 蒋方舟感动推荐：读完从头哭到尾，感人程度远远超过《灿烂千阳》。
>
> "自由地过你们想要的生活，实现你们所有的梦想。"本书中字里行间渗透出来的是母爱这种伟大的力量，包含了一个母亲的言传身教和对孩子的人生期望。库菲更是一个把至高的抱负献给国家，把至深的爱留给女儿的坚强不屈的传奇女性。
> ——《南方人物周刊》资深记者 薛芳
>
> 中信出版集团

典型书腰文字设计：

1. 书中的经典语句　　2. 作者身份介绍　　3. 名家推荐　　4. 阅读启示

书腰的作用：这些文字印在封面上铁定造成破坏，但放在书腰上，一秒钟就说明了书有多么伟大，一分钟就足够让读者决定要不要买下来。

（二）各名著阅读小组展示交流

1. 书腰设计及设计理念阐述
2. 重点阐述对书中经典哲学语句的理解和小组的阅读启示

参考资料一：书中的主要哲学理论

 哲学问题的神话解释	 德谟克利特 唯物主义哲学家，原子唯物论学说的创始人之一（率先提出原子论（万物由原子构成）	 苏格拉底 世上只有一样东西是珍宝，那就是知识，世上只有一样东西是罪恶，那就是无知

续表

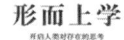

 柏拉图客观唯心主义，世界由"理念世界"和"现象世界"所组成《理想国》洞穴理论	 亚里士多德 发展了唯物的和辩证的思想，奠定了形式逻辑学的基础《论工具》，论证了一般与特殊的统一，认为理性原则存在于感性事物之中	 希腊文化
 圣奥古斯丁	 圣多玛斯	 但丁 文艺复兴
 马丁·路德	 巴洛克时期 to be or not to be——that is the question	 笛卡尔 我思故我在，欧陆理性主义，二元论
 斯宾诺莎 上帝不是一个傀儡戏师傅，理性主义，一元论	 贝克莱 开创了主观唯心主义，存在就是被感知	 康德 头上闪烁的星空与心中的道德规范

续表

 浪漫主义	 黑格尔 历史之河，否定的否定，辩证法	 马克思 共产主义，唯物论，阶级斗争
 达尔文《物种起源》，提出了生物进化论学说	 弗洛伊德 灵魂溯源学，潜意识，解梦，精神分析	 萨特 无神论存在主义，他人即地狱

参考资料二：名家推荐

贾德这本关于哲学史的小说可谓是空前的，他再次用事实证明了哲学并不是脱离现实的学院人士在象牙塔里所写的东西。

——《德意志星期日汇报》

该书是一个将学术作品通俗化的杰出范例，未曾修习哲学概论的人，可以把它作为一本最佳的入门读物，而学习过此门课程但已忘却大半的人，该书则是温故而知新的得力之作。

——美国《新闻周刊》

《苏菲的世界》一书有助于使读者以阅读侦探小说般的心情游览从柏拉图以前一直到20世纪的世界哲学史，而丝毫不产生任何枯燥厌烦的感觉。

——作家与评论家　马德兰·蓝格尔

"一本关于哲学史的小说"，是《苏菲的世界》一书的副标题，颇能点明该书的要点。这是一本小说，但也是一本有系统的涵盖各哲学思潮的速食大杂烩。随着小说人物在哲学传统中寻求谜团的解答，读者也跟着温习了一遍西方哲学史。

《苏菲的世界》不论就内容，或就其受欢迎程度来看，都是极吸引人的一本书。这本书的成功，显示了一个重要的社会指标，就是社会大众渴望知识及缺乏安全感。在一本小说里，塞进整部西方哲学史，对追求速度的这一代而言，本身就极具魅力。

——菲力·詹森

资料三：作者介绍

乔斯坦·贾德（Jostein Gaarder），是一位世界级的挪威作家，1952年8月8日出生于挪威首都奥斯陆，大学时主修哲学、神学以及文学，曾担任文学与哲学教师，自1986年出版第一本创作以来，已成为当代最重要的北欧作家。其后10年他在芬兰教授哲学，于1991年成为一位全职作家。1991年《苏菲的世界》出版后，成为挪威、丹麦、瑞典和德国的畅销书，销量达到300万册。已有30多个国家购买了该书的版权，被翻译为40多种语言，全球销售量超过三亿册。

乔斯坦·贾德擅长以对话形式述说故事，能将高深的哲理以简洁、明快的笔调融入小说情境，他的作品动人心弦，启发无数读者对个人生命、对历史中的定位以及浩瀚宇宙的探讨。

乔斯坦·贾德除致力于文学创作，启发读者对于生命的省思外，对于公益事业亦不遗余力。他于1997年创立"苏菲基金会"，每年颁发十万美金的"苏菲奖"，鼓励能以创新方式对环境发展提出另类方案或将之付诸实行的个人或机构。

（三）其他小组点评、质疑，教师补充

教师补充主要的哲学思想：

1. "希腊三贤"：苏格拉底、亚里士多德、柏拉图。

（1）苏格拉底没有自己的著作和完整的哲学体系，大多从记载中探索，目前认为苏格拉底更关注人的内心，强调认识自己。

（2）柏拉图是不折不扣的唯心主义，最重要的理论是理念论，认为现实世界之外存在着全真全善的理念世界，凡世上的万物因为有了理念而存在。

（3）亚里士多德师承柏拉图，主张教育是国家的职能，学校应由国家管理。但也发现了其师柏拉图的理念论的缺陷，抛弃了他的老师所持的唯心主义观点，亚里士多德不依赖于实物而独立存在，亚里士多德则认为实在界乃是由各种本身的形式与质料和谐一致的事物所组成的，但他自己也在第一实体和第二实体的区分中陷入了含混。

2. 黑格尔：黑格尔集以往西方伦理思想之大成，特别是继承和发展了康德的伦理思想，建立了一个完整的理性主义伦理思想体系。黑格尔关于伦理的学说就是他的法哲学，其中包括抽象法、道德、伦理三个部分，中心是揭示自由理念的辩证发展过程。

从哲学上看，黑格尔伦理思想的形式是唯心的，其内容是现实的，方法是辩证的，它的成就对后世伦理思想包括马克思主义伦理思想的形成和发展有着重要影响。1805年开始写《精神现象学》，于1807年3月出版。它标志着由康德开始的德国哲学革命进入了新的阶段，也标志着黑格尔已经成为一位成熟的和独树一帜的哲学家。黑格尔在这部巨著中划时代地提供了一部人类意识的发展史。它从内容上将人类意识发展分为五个阶段：①意识，②自我意识，③理性，这三个阶段属于主观精神；④精神，即客观精神；⑤绝对精神。黑格尔的整体观和伟大的历史感，均体现在这部意识发展史中。《精神现象学》作为人的意识发展诸阶段的缩影，深刻地揭示了人的个体发展及人类社会发展两个方面的历史辩证法。

3. 达尔文：达尔文认为，生物之间存在着生存争斗，适应者生存下来，不适者则被淘汰，这就是自然的选择。生物正是通过遗传、变异和自然选择，从低级到高级，从简单到复杂，种类由少到多地进化着、发展着。以上三点，即是我们常听到的"物竞天择，适者生存"，现代基因学的诞生，为此提供了重要的证据，事实上，物竞天择，竞的是"基因"。

4. 萨特与存在主义："存在主义"一词的拉丁文 existentia，意为存在、生存、实存。存在主义哲学论述的不是抽象的意识、概念、本质的传统哲学，而是注重存在，注重人生。但也不是指人的现实存在，而是指精神的存在，把那种人的心理意识（往往是焦虑、绝望、恐惧等低觉的，病态的心理意识）同社会存在与个人的现实存在对立起来，把它当作唯一的真实的存在。存在主义哲学提出了三个基本原则：其一是"存在先于本质"，认为人的"存在"在先，"本质"在后。"首先是人的存在、露面、出场，后来才说明自身。"所谓存在，首先是"自我"存在，是"自我感觉到的存在"，我不存在，则一切都不存在。所谓"存在先于本质"，即是"自我"先于本质，也就是说，人的"自我"决定自己的本质。其二是"世界是荒谬的，人生是痛苦的"。认为在这个"主观性林立"的社会里，人与人之间必然是冲突、抗争与残酷，充满了丑恶和罪行，一切都是荒谬的。而人只是这个荒谬、冷酷处境中的一个痛苦的人，世界给人的只能是无尽的苦闷、失望、悲观消极，人生是痛苦的。穷人是如此，富人也如此。其三是"自由选择"。这是存在主义的精义。存在主义的核心是自由，即人在选择自己的行动时是绝对自由的。它认为人在这个世界上，每个人都有各自的自由，面对各种环境，采取何种行动，如何采取行动，都可以做出"自由选择"。"如果存在确实先于本质，人就永远不能参照一个已知的或特定的人性来解释自己的行动，换言之，决定论是没有的——人是自由的。人即自由。"萨特认为，人在事物面前，如果不能按照个人意志作出"自由选择",这种人就等于丢掉了个性,失去"自我",不能算是真正的存在。萨特的存在主义哲学不仅是存在主义文学的思想核心,而且成为后现代主义文学各个流派的思想基础。

三、小结

一部《苏菲的世界》就是一部深入浅出的人类哲学史。《苏菲的世界》,是智慧的世界,梦的世界,它不仅能唤醒人们内心深处对生命的敬仰与赞叹、对人生意义的关心与好奇,而且也为每一个人的成长——使生命从混沌走向智慧、由困惑而进入觉悟之境,挂起了一盏盏明亮的桅灯……

哲学作为一种生活方式,当人们在苦苦追寻人类价值所在时,体现出的自主性其实就是人类价值的最好诠释,人对幸福的追求是没有止境的,谁也不能断言何时何处何种生活方式是人类一劳永逸的终极归宿。小说给出的是一个更具哲学精神的表达方式。人,作为有自主意识的人,不能放弃自己顽强抵抗和不断探索未知领域的能力,不管这种能力多么微弱。

四、作业布置

德国诗人歌德曾经说过:"不能汲取三千年历史经验的人没有未来可言。"我不希望你成为这些人当中之一。我将尽我所能,让你熟悉你在历史上的根。这是人之所以为人(而不仅是一只赤身露体的猿猴)的唯一方式,也是我们避免在虚空中漂浮的唯一方式。

——乔斯坦·贾德 《苏菲的世界》

请联系这节课的阅读分享和《苏菲的世界》中的哲学史,写一则微评论。

给青年的十二封信

——朱光潜

一、作品介绍

《给青年的十二封信》是朱光潜先生所作的一本书信体集子。二十世纪二十年代，朱光潜先生到欧洲求学，期间，他写了这十二封信并从海外寄回国内。这些书信最初登载于《一般》杂志上，后来集结成册出版。

这些信没有具体的受信人，但凡是有中学程度的青年，就都可以是这些书信的受信人。这些书信，或谈读书，或谈修身，抑或谈哲理，凡此种种，都是青年们所正关心或应关心的事项。这些事项看似没有关联，但统观全体，我们会发现作者在这些书信中有一贯的出发点，即劝青年眼光要沉，要从根本上做功夫，要顾到自己，勿随了世俗图近利。正如作者自己概括道："万变不离宗，谈来谈去，都归结到做人的道理。"作者写作这些书信，没有前辈指导后生的高高在上，更多的是长者劝导般的语重心长，也有老友交谈般的诚恳真挚。这些语言饱含了作者对青年的真挚情感，读来亲切自然。

二、实施要求

【时间安排】

《给青年的十二封信》一本小书，共有十二封信。这些信篇幅虽不算长，但都意味深长，哲理隽永，值得细细品味。因此阅读此书，要求学生每日阅读一封信，让学生读完后有时间深入感受、体会、思考。十二封信，安排在两个星期内完成阅读。

【任务要求】

1. 选择性阅读方法的使用

本次名著导读所指导的阅读方法是"选择性阅读"。根据《给青年的十二封信》的特点及阅读要求，拟以选择性阅读中的"问题选择"为主要方法，指导学生在阅读过程中关注"作者的观点"及"作者阐述观点的方法"两个焦点。

2. 撰写回信

学生每天在阅读完一封信后，依照格式要求完成回信。要求回信中有经典名句的摘录，有对作者观点的总结，有自己对作者观点的思考与感悟，尽量能够在作者观点的基础上提出自己创新的观点。

在本书的阅读任务完成后，将回信集结成书——《给朱光潜先生的十二封回信》。

【拓展阅读建议】

《给青年的十二封信》是作者的成名作，十年后作者再作《谈修养》。两本书相隔十年，在思想上自然会有些不同，但在字里行间还是都能见出朱光潜先生对青年们诚恳真挚的情感。拓展阅读《谈修养》，感受朱光潜先生的文字与真挚深情的魅力。同时，还可让学生拓展阅读培根的《培根随笔》，此书中也对生活中的许多方面为我们做出指导性的建议，体现了培根的真知灼见，例如它也有《谈读书》一文，可与朱光潜先生的《谈读书》作一番比较。

三、导读攻略

《给青年的十二封信》以青年为阅读对象，每封信都以青年们所正在关心，或应该关心的事项为题，如读书、修身、作文、社会运动、爱恋、哲理，凡此种种。这个年龄段的学生，恰是刚步入青年，阅读此书将大受裨益。因此学生阅读本书时注意以下两个要点：

（一）使用选择性阅读的方法，关注作者观点与阐述观点的技巧。

根据《给青年的十二封信》的特点及阅读要求，以选择性阅读中的"问题选择"为主要方法，在阅读过程中选择性地关注"作者的观点"及"作者阐述观点的方法"两个焦点。作者写信给予青年们指导，表达自己关于青年们所正在关心，或应该关心的各个事项的观点。作者以朋友的身份为青年们指点人生，其观点让人感到信服，而这让人信服的力量来自真挚的情感、适当的假设与恰到好处的举例。阅读时，要关注作者这些阐述观点的技巧，并在自己的创作中学以致用。

（二）以回信的形式写下阅读感悟。

《给青年的十二封信》是朱光潜先生以书信的形式对青年们进行指导，阅读时要将阅读感悟以书信的形式表达出来。

阅读过程可分为如下两个阶段：

第一阶段：阅读·感悟

目标：独立阅读，感悟观点。

方法：每天阅读一封信，关注作者的观点与阐述观点的技巧，并在此基础上，依照下面的格式，完成回信。

> **致朱光潜先生关于《　　　》的回信**
>
> 敬爱的朱光潜先生：
>
> 　　感谢您关于《　　　》的来信。在信中，您说的很多话，都让我受益匪浅，特抄录如下：
>
> 　　您在信中说到：（概括作者观点）
>
> 　　我 认同/不认同 （你的观点）
>
> 　　诚挚静候您的来信。
>
> 您的朋友 ×××
×××.×××.××

【注】上面的格式仅供参考，学生可自行设计回信格式，但回信的内容一定要有这三块内容：

1. 经典句子摘录。

2. 作者观点概括。

3. 自己的观点。

第二阶段：设计·展示

目标：编辑成册，展示交流。

方法：将每次阅读后的回信，通过自主设计，编辑成册，形成一本《给朱光潜先生的十二封回信》。

具体实施：学生在每次阅读过程中，完成回信，共有十二封回信。在整本书阅读完毕后，将这十二封信，通过简要的设计，编辑成册，形成一本题为《给朱光潜先生的十二封回信》的书。建议学生可使用活页本完成回信，方便设计成册。

所有同学完成后，将作品放于班级图书角供所有同学传阅，传阅时间为一周。要求同学们在阅读其他同学作品时，首先要保护作品，不能损坏作品，其次要关注质量，将好的作品推举出来。

两种推举方式：

1. 整部作品优秀的，推举整部作品。

2. 一部作品中，某篇回信写得极为出彩的，推举这篇回信。

一周后，将学生所推举的作品，重新设计，打印成册，作为本书阅读的最后成果，放班级中供大家传阅。

【注】学生自主设计要求：

1. 须设计封面，尽量设计精美，有创意，与该书的主题相关，可参考译林出版社的《给青年的十二封信》的封面设计。

2. 须有目录，篇目标题对应相应页码。

3. 须有序言，可将自己阅读此书的总体感受述诸笔端，将回信的主要内容简要概括，还可有对自己以及其他青年们的期望。

4. 整体设计须符合书的基本特征，可有自己的创意。

"感谢您的来信"

——《给青年的十二封信》导读课

【导读目标】

1. 初步感知本书的写作目的。

2. 学会使用选择性阅读的方法阅读本书。

3. 激发对本书的阅读兴趣。

【导读重点】学会使用选择性阅读的方法阅读本书。

【导读过程】

一、欣赏封面

屏显：

来看看我们手中这本书的封面，你从这个封面的图案中看见了什么？

预设：一首游轮正行驶在大海上，游轮喷出烟雾，岛上与海上飘着几朵云。

追问：这幅图景与这本书有什么关联呢？请大家翻开书，带着这个问题阅读夏丏尊先生为这本书所做的《序》。

学生默读夏丏尊先生的《序》。

预设：这幅画有两方面的含义。本书是朱光潜先生旅欧期间从海外寄到某一家杂志社登载过的信，画中的邮轮恰似载着朱光潜先生的信的邮轮，它正载着信缓缓地驶向我们。其次，本书的每封信以青年们所正在关心，或应该关心的事项为题，主要劝青年眼光要沉，要从根本上做功夫，要顾到自己，勿随了世俗图近利。画中的邮轮似也暗示了为青年们指明人生的航向之意。

屏显：

"这十二封信是朱孟实先生从海外寄来分期在我们同人杂志《一般》上登载过的。"

"各信以青年们所正在关心或应该关心的事项为题。作者虽随了各个话题抒述其意见，统观全体，却似乎也有一贯的出发点可寻。就是劝青年眼光要深沉，要从根本上做功夫，要顾到自己，勿随了世俗图近利。"

——夏丏尊

"万变不离宗，谈来谈去，都归结到做人的道理。"

——朱光潜

二、阅读感知

通过夏丏尊的序言，我们可以知道这本书的每封信以青年们所正在关心，或应该关心的事项为题。作者对这些事项为青年们提出了一定的指导。作为青年的你们，关心哪个问题呢？请大家翻看目录，选择你感兴趣的一封信，用选择性阅读的方法来读一读。所以在阅读之前，我们先来了解选择性阅读。

屏显：

选择性阅读是一种理性的、目的性很强的阅读方法，它往往和阅读者的兴趣、思考、关注点密不可分，共有四种情形：①兴趣选择；②问题选择；③目的选择；④方法选择。

根据《给青年的十二封信》的特点及阅读要求，我们就以选择性阅读中的"问题选择"为主要方法，在阅读过程中关注"作者的观点"及"作者表达观点的技巧"两个焦点。那么，接下来大家选择自己最感兴趣的一封信，运用选择性阅读的方法阅读，以"作者的观点"为焦点，读完后用一句话简单概括作者在信中所表达的观点。

预设：在《谈读书》中，作者谈阅读课外书籍的重要性及读书方法；在《谈动》中，作者强调了"动"能消愁解闷，使生活愉快；在《谈静》中，作者指出只有心静才能领略到各种情趣；在《谈中学生与社会运动》中，作者指出读书与救国是不可偏废的；在《谈十字街头》中，作者提醒青年们不要被十字街头的名利、声势、虚伪、刻薄、肤浅所淹没；在《谈多元宇宙》中，作者指出人世的多重宇宙，并重点谈了"恋爱的宇宙"，强调"未恋爱而恋爱的人"才是真能恋爱的人；在《谈升学与选课》中，作者认为升学需要以自己的性向、兴趣作为依据；在《谈作文》中，作者告诉青年们初学作文要注意写生，要从描写文与记叙文入手；在《谈情与理》中，作者教导青年看待事物应该兼备情与理，体会能"知"能"感"，才是完整地生活；在《谈摆脱》中，作者阐释了知所取舍，才能摆脱烦恼，创造人生的道理；在《谈卢佛尔宫所得的一个感想》中，作者批评现代人诸如追求"超效率"等种种肤浅的毛病；在《谈人生与我》中，作者认为生活中有缺陷，反而能显现生命的光彩。

三、一封回信

作为青年的你们，收到朱光潜先生这样的来信，在看完他的信后，如果要你回信，你会如何回复呢？

预设：回信中要表示感谢，并可以围绕作者的观点与其讨论。

请对你刚才所阅读的那封信，写一封简单的回信。

预设【示例】：

敬爱的朱光潜先生：

感谢您关于《谈读书》的来信。您在信中说道阅读课外书籍的重要性，我深感赞同。课本的学习对我们还是太浅薄了，而知识的海洋又何其宽广深远，我们需要阅读课外书籍来丰富自己。关于阅读方法，您说"凡值得读的书至少须读两遍""读一本书，需笔记纲要和精彩的地方和你自己的意见"。我获益匪浅，终于意识到自己阅读效率低下的原因。

诚挚静候您的来信。

您的朋友 ×××

屏显：

我一向没有自己能教训人的错觉，不过我对于实际人生问题爱思想，爱体验，同时，我怕寂寞，我需要同情心，所以心里有所感触，便希望拿来和朋友谈，以便彼此印证。我仿佛向一个伙伴说："关于这一点，我是这样想，你呢？"

——朱光潜

小结：

"关于这一点，我是这么想，你呢？"朱光潜先生如是说。可见，阅读本书我们要体会作者对青年的诚恳真挚，同时还能辩证看待他的观点，学会自主思考能与朱光潜先生进行对话，交流思想。

"您这么说，很对"

——《给青年的十二封信》研读课

【研读目标】

1. 理解作者使用书信体的优势。
2. 体会作者精彩的阐述观点的技巧。
3. 感受作者在文字背后的对青年们的诚恳真挚。

【研读重点】理解作者使用书信体的优势，感受作者在文字背后对青年们的诚恳真挚。

【研读难点】体会作者精彩的表达观点的技巧。

【研读过程】

一、"谈读书"

问：关于读书，你有什么看法呢？

预设：读书于我们有益。读书可以开拓我们的视野，丰富我们的知识与学养，引导我们走向成功的道路。

快速阅读《谈读书》，简单梳理作者的行文思路，看看作者对读书有怎样的看法？

预设：在文中作者先提出我们有时间阅读课外书，再说明仅看课本是不够的，而后指出课外书有好有坏，需要选择，再列举了一些书目。最后作者提出了"凡值得读的书至少须读两遍"与"读一本书，需笔记纲要和精彩的地方和你自己的意见"两种读书方法。

英国文艺复兴时期的散文家、哲学家培根也写了一篇《谈读书》，收录在《培根随笔》一书中，请你读一读，说说他在文章中对读书又有怎样的看法？

预设：作者先阐述了读书的正确目的，而后阐述读书的方法，最后阐述读书能塑造人的性格和弥补精神上的缺陷。

二、书信体

问：这两篇文章，同是"谈读书"，却各有不同，它们在形式上最大的不同点是什么?

预设:朱光潜先生的《谈读书》是以书信的形式来写的,而培根的《谈读书》则是随笔散文的形式。

追问:这两种形式,你们更喜欢、更易接受哪一种?

预设:书信体。

接下来请以小组为单位,对比两篇文章,从不同角度分析使用书信体的优势。

学生小组合作探究,并作汇报。

明确:书信体的形式,首先在语气上显得亲近,更易让我们青年人所接受。作者在信中首称"朋友",末署"你的朋友",如长者劝导似的语重心长,如老友交谈般的诚恳真挚,都如朋友之间的谈心,平易近人,哲理隽永,贴近青年。可见书信体在与读者情感的交流上也更有优势,更能够引起读者的共鸣。相比较而言,培根的《谈读书》固然语言精美,但在亲和力方面则稍有欠缺,对青年们的吸引力不足。

屏显:

无如我生来口齿钝,可谈的朋友又不常在身边,情感和思想需要发泄,于是就请读者做想象的朋友,和他作笔谈。我用"谈"字毫不苟且,既是"谈"就要诚恳亲切。

——朱光潜

三、说服力

师:从刚才的探究中,我们感受到作者通过书信体的形式,表达出真挚的情感,让我们更加信服他的观点。不过在朱光潜先生的文章中,不仅通过书信体的形式增加了文章的说服力,还有其他的方式。请大家再回到朱光潜先生的《谈读书》,以之为例探究他的阐述观点的技巧。依照下面格式探究。

屏显:在文中,作者常通过(阐述观点的技巧)来增加自己观点的说服力,例如(文中的例子),(阐述其如何运用技巧增加说服力)。

预设1:在文中,作者常通过举例论证来增加自己观点的说服力,例如作者在提到青年们阅读课外书是有时间的,他列举了美国科学家和革命家富兰克林幼时在印刷局做小工依然抽暇读书以及孙中山先生每日奔走革命仍坚持抽暇读书二例,通过这两个例子说服青年们应该无论如何都要抽暇读书,例子贴切适当,具有说服力。

预设2:在文中,作者常通过假设论证的方法来增加自己观点的说服力,例如在提到读书习惯养成的重要性时,作者假设道"你如果没有一种正当嗜好,没有一种在闲暇时可以寄托你的心神的东西,将来离开学校去做事,说不定要被恶习惯引诱",以一种假设劝诫青年们尽早养成正当嗜好。以假设来说服，在青年们还未犯错之前便给予警醒，让人信服。

四、总结

本书的书信是以青年们所正在关心，或应该关心的事项为题，在朱光潜先生笔下汩汩流淌的，如老友交谈般的诚恳真挚，都如朋友之间的谈心，平易近人，哲理隽永，贴近青年。作者以书信体的形式与青年们面对面地交流，并多运用举例论证与假设论证等方法增加文章的说服力。

"我觉得"

——《给青年的十二封信》阅读交流课

【交流目标】
1. 体味与分享作者的真知灼见。
2. 辩证看待作者的观点，有自己的思考。
3. 感悟与大师对话的魅力。

【交流重点】体味与分享作者的真知灼见，感悟与大师对话的魅力。

【交流难点】辩证看待作者的观点，有自己的思考。

【交流过程】

一、分享台

小游戏：下面的语句是出于哪一封信？举手竞猜。

屏显：

1. 思想革命成功，制度革命才能实现。（答案：《谈中学生与社会活动》）

2. 愁生于郁，解愁的方法在泄；郁由于静止，求泄的方法在动。（答案：《谈动》）

3. 所谓领略，就是能在生活中寻出趣味。（答案：《谈静》）

4. 以冷静态度，灼见世弊；以深沉思考，规划方略；以坚强意志，征服障碍。（答案：《谈十字街头》）

5. 以为人人都"摆脱不开"，所以生命便成了一幕最大的悲剧。（答案：《谈摆脱》）

6. 我们所居的世界是最完美的，就因为它是最不完美的。（答案：《谈人生与

我》）

7. 生活是多方面的，我们不但要能够知，我们更要能够感。（答案：《谈情与理》）

8. 我们固然没有从前人的呆气，可是我们也没有从前人的苦心与热情了。（答案：《谈卢佛尔宫所得的一个感想》）

9. 在一切艺术里，天资和人力都不可偏废。（答案：《谈作文》）

10. 别人只能介绍，抉择还要靠你自己。（答案：《谈读书》）

11. 人是社会的动物，而同时又秉有反社会的天性。（答案：《谈多元宇宙》）

12. 在你的精力时间可能范围以内，你须极力求多方面的发展。（答案：《谈升学与选课》）

在这十二封信中，作者真诚地提出了他的真知灼见。哪一点让你最受触动，觉得获益匪浅？说出来和大家分享你的感受，或许能够让没有关注到这一点的同学也有所收获呢。

预设：读完《谈作文》，我感到获益匪浅。因为在《谈作文》中，作者指出我们学作文，要"特别注意写生""要写生，须勤作描写文和记叙文"。我常苦于做不出好文章来，找不到门道。看到朱光潜先生的文字，我忽地感到"山重水复疑无路，柳暗花明又一村"。我也决定试着从写生开始学习写作了。

二、思辨台

屏显：

我一向没有自己能教训人的错觉，不过我对于实际人生问题爱思想，爱体验，同时，我怕寂寞，我需要同情心，所以心里有所感触，便希望拿来和朋友谈，以便彼此印证。我仿佛向一个伙伴说："关于这一点，我是这样想，你呢？"

——朱光潜

看来朱光潜先生的真知灼见，确实让同学们都颇有所收获。不过在朱光潜完成此书的十年后，又完成了《谈修养》一书，在书的序中，作者对其十年前的作品稍感幼稚，觉得亦有表述不当之处，他想那时的自己更像是对一个伙伴说："关于这一点，我是这样想，你呢？"那么，你们在阅读的过程中，一定也有并不认同的观点，请你依照下面格式，发表你的看法。

屏显：我不很认同作者在《　　　　》中的观点，我觉得_____。

预设：我不很认同作者在《谈情与理》中的"情感的生活胜于理智的生活"这一观点，我觉得人之所以为人，便是因为他有情感亦有理智，而且这两者没有孰优孰劣之分，需是依每个人各自的性格特点而言。情感生活胜于理智生活者，多情多义，如作家、艺术家；理智生活胜于情感生活者，科学严谨，如科学家、数学家。他们都是人类中的优秀分子。只是，还要注意一点：完全理智之人是机器，完全感性之人则是动物。

小结：同学们很有自己的想法，所以在阅读此类文章时，我们要会思考，我们可以吸收作者精彩的观点为己用，对那些不一定正确的观点要谨慎，要多加以分析辨别，不要全盘接受别人的观点。

三、对话台

师：我们看了朱光潜这十二封信，获得许多思想智慧，也开启了我们许多关于青年生活的思考。朱光潜谈了这十二个事项，你是否也有事项要和朱光潜先生谈一谈？你们最想和朱光潜先生谈什么呢？

预设：谈中考、谈作业、谈手机……

师：看来大家有很多要和朱光潜先生谈的，我们就以《谈手机》为题，试着写一封简单的信给朱光潜先生，和他聊聊这个话题，200字左右。书信格式如下。

屏显：

敬爱的朱光潜先生：

近些日子阅读了您的许多信，我颇有感触，很想与您谈谈现在对我们影响巨大的手机问题。关于这一点，我是这样想的，您呢？

诚挚静候您的回信。

您的朋友 ×××

预设：

敬爱的朱光潜先生：

近些日子阅读了您的许多信，我颇有感触，很想与您谈谈现在对我们影响巨大的手机问题。手机现在是我们每个人的"宠儿"，大家无时无刻不在使用手机，我们中学生也不例外。如今看来，我们受手机影响太严重了。很多人沉迷于手机，而完全忽视了学业，有些甚至因之走上了歧途。于是大人们便多禁止我们接触手机。我以为完全的禁止是一种错误的做法。科技的发展为我们带来的便利，我们应当把它用起来。手机为我们获取信息提供了一条美妙的捷径，只是我们确实也应该克制自己，不要太沉迷于手机。关于这一点，我是这样想的，您呢？

诚挚静候您的回信。

您的朋友 ×××

四、总结

朱光潜先生以其真知灼见为正值青年时期的我们指点人生的方向,也启发了我们关于自己人生的思考。大师的智慧我们需要借鉴与学习,同时我们更需要自己思考,为自己将来的路做好规划!用大师的智慧为我们开路,用自己的行动实践未来!

钢铁是怎样炼成的

——【苏联】奥斯特洛夫斯基

一、作品介绍

【内容简介】

《钢铁是怎样炼成的》以主人公保尔·柯察金的生活经历为线索，描写保尔·柯察金经历第一次世界大战、十月革命、国内战争和国民经济恢复时期的严峻生活。

保尔早年丧父，母亲替人洗衣、做饭，哥哥是工人。保尔12岁时，母亲把他送到车站食堂当杂役，受尽了凌辱。十月革命爆发，老布尔什维克朱赫莱在镇上做地下工作，他给保尔讲了关于革命、工人阶级和阶级斗争的许多道理。朱赫莱被匪徒抓去了，保尔与朱赫莱一起逃跑。由于维克多的告密，保尔被投进了监牢。从监狱出来后，保尔跳进冬妮亚的花园。冬妮亚和保尔产生了爱情。在激战中，保尔头部受了重伤。出院后，他参加恢复和建设国家的工作。冬妮亚和保尔思想差距越来越大，最后分道扬镳。在筑路工程快要结束时，保尔得了伤寒，体质越来越坏。1927年，他几乎完全瘫痪了，接着又双目失明。他一方面决心帮助自己的妻子达雅进步，另一方面决定开始文学创作工作。这样，"保尔又拿起了新的武器，开始了新的生活。"

【作者简介】

尼古拉·阿列克谢耶维奇·奥斯特洛夫斯基，前苏联著名无产阶级革命家、作家、布尔什维克战士。1904年9月29日出生于一个普通工人家庭，因家境贫寒，11岁便开始当童工，15岁上战场，16岁在战斗中不幸身受重伤，之后转业，先后负责过团与党的领导工作，被称为"优秀的共产主义战士"。在伤病复发导致身体瘫痪，双目失明后，他走上了文学创作的道路。他根据自身经历，克服难以想象的困难，历时三载，创作了《钢铁是怎样炼成的》这部不朽的杰作，实现了重返战斗岗位的理想。1936年12月22日去世，年仅32岁。

二、实施要求

【导读阶段】

指导学生阅读教材中"名著引读"的相关内容,并向学生补充导读材料,如作者生平、写作背景、思想内容及艺术特点简析等,让学生对作品先有个大体的了解,然后布置阅读任务、明确阅读要求、统一阅读进度。另外,指导学生掌握一些阅读长篇小说的基本方法。

【积累性阅读阶段】

本阶段要求学生以泛读为主,每周阅读九章左右的内容,分两周完成,并设计作业:

1. 摘抄语段:摘抄本周阅读到的精彩语段,并做简单点评。

2. 内容概括:概括本周阅读的章节内容。

3. 写读后感:每篇围绕一个中心来写,力求有自己的见解,不少于500字。

(考虑到学生差异,不同程度的学生可以从以上作业中任选其二来完成。)

本阶段,教师以培养学生阅读兴趣,形成良好阅读习惯为中心目标,每周抽查学生作业并做有针对性的指导。在逐回阅读完全书后,安排1课时,由学生发言、讨论,教师归纳、总结。

【探究性阅读阶段】

1. 分析人物形象。

本阶段安排学生精读有关情节,指导学生重点分析保尔的形象,并以"我眼中的保尔"为题写一篇作文,然后按学生作文所分析的人物形象进行分组交流,最后推荐出优秀作品展评。

2. 了解小说的思想内容和艺术特色。

通过学习,让学生更好地了解名著的思想内容和艺术特色;然后,组织学生根据指导,查找资料,完成一篇读书笔记,尝试分析小说的思想内容、艺术特色。

【总结阶段】

本阶段准备开展《钢铁是怎样炼成的》影视欣赏、读书笔记展评、读书经验交流会等活动,一方面继续调动学生课外阅读的积极性,另一方面帮助教师检测学生的阅读成果。

【活动评价】

进行一次活动评价,包含参照学生读书笔记等材料进行的过程性评价,和通过读后感对学生进行的总结性评价。

三、导读攻略

在烈火里燃烧——灿烂人生的教科书《钢铁是怎样炼成的》这部名著，它曾鼓舞过无数人。在人生的每一个阶段都可去细细品味。

奥斯特洛夫斯基在解释作品标题时说："钢是在烈火里燃烧、高度冷却中炼成的，因此它很坚固。我们这一代人也是在斗争中和艰苦考验中锻炼出来的，并且学会了在生活中从不灰心丧气。"

这是一部激励过无数中国人的书。阅读时要注意抓住人物的主要性格，体会保尔的精神魅力。有条件的话，可以观赏同名电视连续剧。

【阅读指导】

1. 用略读浏览的方法通读全书，弄清主要内容、情节和人物关系等。

2. 用精读的方法阅读精彩片段，评析作品中的人物形象的典型意义，理解作品的艺术价值、品味作品的语言特点。一边读，一边摘录，加批注，写心得。

3. 课外网上搜索有关资料，了解作者经历、创作背景，理解作品的重要思想和重点内容。

4. 结合观看电视连续剧，将剧中的人物形象与文学作品中的人物形象进行比较。

在个性解读、自主交流中积累知识，归纳方法；在动态生成的过程中合作分享，习得能力；在评点中与作品发生精神联系中，陶冶渐染，发展生命。

【阅读安排】

第一阶段（第1—2周）：独立阅读，以略读为主，概括章节内容。

第二阶段（第3周）：独立阅读，摘抄名言，以精读为主，圈点勾画批注。

出处	名言	感想或启发

第三阶段（第4周）：评价性阅读，以精读为主，小组合作，读思结合，专题探究人物。

序号	主要人物	外貌性情	相关情节	主要性格
1	保尔			

续表

序号	主要人物	外貌性情	相关情节	主要性格
2	朱赫来			
3	冬妮亚			
4	丽达			
5	谢廖沙			
6	阿尔焦姆			
7	达雅			

第四阶段（第5周）：概括性阅读，以通读为主，并查找资料，概括作品常识。

作者简介	
文学体裁	
主要人物	
重要情节	
艺术特色	
主题思想	
名家评价	

认识一位英雄

——《钢铁是怎样炼成的》导读课

【导读目标】

1. 了解全书内容，学会概括梳理作者人生中的重要经历。
2. 学会根据内容和主要事件分析人物特质。

【课前准备】

1. 学生根据自己的兴趣，制订阅读计划，教师给予方法指导。
2. 课前阅读，概括章节内容。

【导读过程】

一、名人名言导入

"人最宝贵的是生命。生命属于我们只有一次。人的一生应当这样度过：当他回首往事时,不因虚度年华而悔恨,也不因碌碌无为而羞耻。这样在他临死的时候就能够说:我已把我整个的生命和全部精力都献给最壮丽的事业——为人类的解放而斗争。"

同学们知道这是什么书里的名言吗?明确:《钢铁是怎样炼成的》。

二、作家作品介绍

1. 请介绍一下本书的作者。

2. 实际上书中的主人公就是作者本人,事迹正是自己所为。你能向大家介绍一下这本书的主要内容吗?

三、人物关系梳理

师:本书除了主人公保尔之外,还有哪些人物,能不能用思维导图呈现他们之间的关系。

四、保尔经历梳理

1. 保尔的人生可以分为哪两个阶段?

明确:苦难的生活经历和漫长的革命生涯。

2. 请同学们用表格或思维导图的方式把他两个阶段的经历理一理。

3. 在大家的梳理中,我们发现保尔经历了四次生死和三段情感,你对哪一段感受最深,能跟大家交流一下吗?

五、看保尔见自我

师:说说你对保尔的认识,他身上的哪些特质最打动你的心。

六、小结

师:看来伏尔泰说的没错:"读书使人心明眼亮"。听了大家的发言后,我感到同学们很会读书,不但读懂了故事内容,感悟出了书中人物的特点,有的同学还品味出了作品的表现方法,收获真是不少,当然,有的同学读书只是看热闹,走马观花,体会还较肤浅。古人云:"读书要有三到:心到、眼到、口到","书读百遍,其义自见",就是告诉我们要有正确的读书方法,这样读书才能让我们读有所得。

七、作业:精读作品,完成表格

序号	主要人物	外貌性情	相关情节	主要性格
1	保尔			
2	朱赫来			
3	冬妮亚			

续表

序号	主要人物	外貌性情	相关情节	主要性格
4	丽达			
5	谢廖沙			
6	阿尔焦姆			
7	达雅			

我的成长"你"做主

——《钢铁是怎样炼成的》研读课

【研读目标】探讨保尔成长的外因，思考生命的意义，从中汲取力量。

【课前准备】课前阅读《生命的意义》，做好读书卡片。

【研读过程】

一、名家评论

诗人约翰·邓恩曾有这样的诗句：没有人是一座孤岛，在大海里独踞，每个人都像一块小小的泥土，连接成整个陆地。确实，每一个个体，只有扎根于息息相通的"生命大地"才能生长与绽放，获得抵御风暴的力量。今天我们就来研讨保尔的成长除了他个人努力和奋斗的因素之外，还有其他什么原因。

二、探究他人

1. 保尔一生的成长过程当中遇到了很多重要的人，那么，你认为谁是保尔生命历程里的重要他人？为什么？

学生各抒己见。

2. 教师小结：一个人的成长离不开亲人、朋友和师长的帮助，朱赫来、冬尼娅、哥哥等他们都是保尔生命中的贵人，对保尔最后成长为一个钢铁般的战士起到至关重要的作用。

三、探究环境

1. 每个人都不可能是一座孤岛，这些重要的他人对保尔的影响至关重要。但是除了自我和他人的影响外，一个人的成长也离不开他所生长的环境，那么保尔所处的环境对保尔产生了怎样的影响呢？

引导学生从少年成长、斗争严峻和自然恶劣等客观环境入手分析。

2. 教师小结：保尔最后成长为一个钢铁般的战士，除了自身和他人影响的原因外，也是因为他在各种复杂的环境中不断地锤炼自己的原因。

四、探究生命

读了《钢铁是怎样炼成的》之后,你肯定对人生对生命有了不一样的理解,能跟大家分享一下你对生命的理解吗?

预设:人活着,不应该只追求生命的长度,而更应该追求生命的质量。

人活着的最高境界就是把他的整个生命奉献给全人类。

生命的价值在于不断超越自我。

生命中可能会刮风下雨,但我们可以在心中拥有自己的一缕阳光。

天并不都是蓝的,云也并不都是白的,但生命的花朵却永远都是鲜艳的。

五、探究阅读

1. 阅读就是带着一个有准备的头脑,一副探究的目光与一种深掘的期待,来品味你所选定的蕴含丰富的书籍。它是一种缘,会激起你强烈的共鸣和深切的感悟。

2. 听八只眼乐队演唱的《钢铁是怎样炼成的》,感受祖辈、父辈的阅读人生。

六、作业

1. 摘录名言并评析。

出处	名言	感想或启发

2. 从报纸、杂志、书籍或网上收集资料,写一篇短小的书评。

交流与激荡

——《钢铁是怎样炼成的》阅读交流课

【交流目标】

1. 品读名著的精彩片段,并通过分享锻炼语言表达能力。

2. 分析名著的人物形象,感悟其精神内涵。

3. 品读名著中的精彩句子,从中获得向上的力量。

【课前准备】课前查找资料,完成表格。

作者简介	
文学体裁	
主要人物	
重要情节	
艺术特色	
主题思想	
名家评价	

【交流过程】

一、对话导入

1. 同学们都读了哪些书？你认为读书有啥好处？学生各抒己见。

2. 读书最大的好处就是可以使人摆脱平庸。有人说：你一个苹果我一个苹果交换过来还是一个苹果，你一种思想我一种思想交换过来就是两种思想。今天老师给大家创设了一个交流的平台，来说一说你读完《钢铁是怎样炼成的》收获与感受。

二、阅读交流

（一）活动一：聊聊人物

1. 师：读完这本书后，你对书中的哪个人物最有感觉，能不能跟大家分享交流一下。

学生可结合第一节课作业：人物评析表格。

2. 师：人物的感动、难忘，其实缘于作者所描绘的令人难以忘怀的情节，下面我们来聊聊令你有所触动的情节。

（二）活动二：聊聊情节

1. 师：书中的哪些情节令你深深触动，深受感动，深有启发。我们互相分享一下。

2. 师：这本书中不仅有丰满的人物形象，生动的故事情节，还有令人深有启发的名言，接下来我们来找一找名言。

（三）活动三：聊聊名言

师：书中的名言给你以怎样的启发？

学生结合上节课的作业，完成名言摘录表格。

（四）活动四：聊聊心得

师：现在我们可以把自己读了这本书之后内心洋溢着震撼和感悟说说聊聊。

学生畅所欲言。

三、交流小结

读书可以修身养性，陶冶情操，提高人生精神境界。一纸豪迈，高唱"大江东去，浪淘尽"的苏轼开创了"豪放派"的先河，是当之无愧的"精神贵族"；吟出"帘卷西风，人比黄花瘦"的李易安编织着"婉约"一族的羞涩与怅然；"明月松间照，清泉石上流"，诉说王维"入禅式的境界"；挥毫写下"我自横刀向天笑，去留肝胆两昆仑"的谭嗣同唱出了爱国的热忱之心……浩荡的历史长河中，古人用精神激起了朵朵浪花，我们只需徜徉其中，便可感同身受。

借用冰心的一句话与大家共勉：好读书，读好书，读书好。

四、作业

观看电视连续剧，将剧中的人物形象与文学作品中的人物形象比较，写一篇读后感。

平凡的世界

——路遥

一、作品介绍

《平凡的世界》是著名作家路遥创作的一部百万字长篇巨著。全书围绕孙少安和孙少平两兄弟的人生历程展开叙述,借助当时社会各阶层众多普通人形象的刻画,描绘了一幅中国20世纪70年代中期到80年代中期近十年的城乡社会生活图景。主人公孙少安扎根于乡土,矢志改变命运,而孙少平拥有现代文明知识,渴望融入城市。他们自强不息,依靠顽强毅力与命运抗争,共同构成平凡人奋斗的两极经验,表现了平凡人的美好善良与坚韧不拔的奋斗精神。这部小说将痛苦与欢笑、挫折与追求、劳动与爱情、日常生活与社会变革纷繁地交织在一起,深刻地展示了普通人在大时代历史进程中所走的艰难曲折的道路。

二、实施要求

《平凡的世界》分上、中、下三部,共一百多万字,因其特定的历史背景、众多的人物形象和深刻的哲理思考,学生在阅读中会不断遇到困难并生成问题。帮助学生持续地保持阅读兴趣和动力,读懂作品传达的内涵,是指导该作品阅读的关键。因此,在指导学生阅读的过程中,可采取"边读边导"的方法,辅以相应的通读任务,帮助学生更好地把握章节内容,建构阅读策略。

(一)方法指导促进有效阅读

《平凡的世界》采用的是人物故事的横式叙述方法,即各类人物故事以章节为单位进行横向间插叙述,因而,在阅读中除了梳理每一章的故事情节,还要指导学生梳理同一人物在不同章节的故事情节,引导学生圈点勾画,做好摘抄和笔记。同时,采用绘制人物关系、人物升迁线、地图等思维导图形式,帮助学生厘清情节脉络,把握人物形象。常言道:"一千个读者就有一千个哈姆雷特。"一旦作品进入读者视野,作品形象在读者心中便会呈现出丰富的多面性。因此,我们需引导学生在阅读时,对人物进行多角度、个性化的解读，掌握全方位品鉴和评价人物的方法。

（二）课内外结合推动自主阅读

课内教学，主要由方法指导为主的导读课、人物形象深入解读的研读课、影视作品对比下深化理解的交流课构成。三种课型引领学生掌握解锁该名著阅读的密码，深入理解名著内涵。同时，课外举办各类活动，创设多元化阅读环境，在活动中推进整本书阅读。

1. 定期举办阅读心得分享会。

每期分享会确定一主题，依据主题，学生可以谈阅读感受、朗读喜爱的篇章段落、重现经典情节、对话讨论等，促使学生在同伴共促中深化阅读理解。

2. 适时进行阅读任务展示交流。

依据班级共读进度，学生按时完成阅读任务，如各种思维导图的展示，方言整理，信天游的赏析、人物评点等，在推动学生自主阅读的同时，促使学生的思维得到碰撞与启开。

3. 观看《平凡的世界》电视剧。

结合电视剧对小说情节、人物所作的调整和增删，指导学生在电视剧和著作的比较批评中深化阅读感悟。

（三）评价方式带动阅读习惯养成

1. 建立阅读档案。

教师需仔细观察并记录学生在阅读过程中的具体表现并做好相关内容的记录与收集，如上课时的精神状态、参加各项活动时的各种表现和阅读所产生的思想行为等细微变化。

2. 定期检查读书笔记。

在阅读中强调"不动笔则不读书"的阅读习惯，即要求学生在阅读中需圈点批注，做好摘抄和笔记。教师可定期检查读书笔记对学生的阅读情况作出评价，促使学生阅读习惯的养成。

三、导读攻略

学生自读过程中完成以下通读任务，阅读任务大体按照重点人物或重点情节划分。

时间安排	阅读章节	阅读任务
第一周 【第一部】 卷一	1—10	1. 记下你对孙少平的初印象。 2. 根据第四章内容，画出孙少平从学校回家的路线图；根据第七章内容，画出双水村的平面图。 3. 概述孙少平一家境况。 4. 如何理解孙玉亭"把饿肚子放在一边，精神上享受着一种无限的快活"的做法？
	11—21	1. 孙少安的形象特点。 2. 润叶和少安能有情人终成眷属吗，试根据章节内容合理猜测。 4. 郝红梅放弃孙少平而选择与顾养民相好，你如何看待郝红梅的选择？ 5. 金波殴打顾养民，但顾养民却没有报复，对照前几章，你对顾养民有了哪些新认识？
	22—28	1. 偷水事件酿成大祸，你觉得主要责任在谁？对于金俊斌去世，金家的态度和大队的善后处理，你认为合理吗，谈谈你的理解？ 2. 人物语言富有陕北地域特色，请摘录几句语言描写，体会语言特色。 3. 画出孙家、田家、金家部分人物关系图。
第二周 【第一部】 卷二	29—38	1. 贺秀莲是个怎样的人，她在婚礼的筹备上做了哪些让孙家感动的事？ 2. 田福军检查工作要求放了劳教的民工，其他官员却有不同的意见，从这件事你看出他和其他领导有什么不同？ 3. 书中多次出现信天游，请在本章相关内容中关注信天游内容，思考信天游在此处有何作用？ 4. 孙少平救了侯玉英这一情节是否多余，猜想此事后二人关系会有怎样变化？
	39—45	1. 润叶最终答应与李向前结婚，从她复杂的心理世界，你读出润叶是一个怎样的女性，请预测，婚后润叶能过上幸福生活吗？ 2. 少安认为贺秀莲对他好得有些过分，你是否也这样认为？ 3. 孙少平帮助郝红梅平息了"偷手帕"事件，你对孙少平有了哪些新的认识？ 4. 双水村决定在村里开办初中班，新增孙少平和田润生为教师，大队主要领导的态度各有不同，罗列出来，并思考原因
	46—54	1. 田福军在接待高老的会议上再次提出与苗凯等人完全相反的意见，这让你对田福军有了哪些新的认识？ 2. 在田福堂炸山拦坝的工程上，大队领导有不同意见，金家人对搬家也有不同的打算，请找出他们的不同态度。 3. 从高中同学到毕业回乡，田晓霞一直是孙少平最重要的朋友之一，回顾他们相处的情节，你觉得田晓霞是一个怎样的人，她在孙少平的这段生命里产生了哪些影响？ 4. 田福军和孙少安谈话后，孙少安感叹：那时一声惊雷，大地就要解冻啦！结合故事发展，你觉得这句话有哪些含义？

续表

时间安排	阅读章节	阅读任务
第三周 【第二部】 卷三	1—10	1. 粉碎"四人帮"后,对于改革,上至省委,下至双水村,每个人都有自己的态度和想法,请对本章节中人物的态度进行分类。 2. 实行生产责任制后,双水村的村民们生活有了哪些改变? 3. 秀莲不讲究穿戴,一身补丁,为什么少安却很喜欢这身打扮,并希望儿子能记住这样一个母亲的形象? 4. 细读对金富的细节描写,你能发现金富赚钱的途径吗?
	11—21	1. 对孙少平外出闯荡的决定,家里人各持什么态度,你能理解他执意要外出闯世界的做法吗? 2. 初到黄原的孙少平,哪些举动和变化让你佩服? 3. 孙玉亭不适应实行责任制后的农村,具体有哪些表现,概括他的形象特点? 4. 因为分家,孙少安和兰香都流下了眼泪,他们兄妹俩流泪的原因是否相同?
	22—28	1. 田晓霞和孙少平重逢,二人境况已大不相同,回顾他们之前的交往细节,他们之间发生了哪些变化? 2. 梳理田福军与上下级同事之间的关系,思考田福军是一个怎样的官员? 3. "正月里冻冰呀立春消"的信天游多次出现在小说里,在二十六章的这一首起到什么作用? 4. 从孙少安以"冒尖户"身份参加"夸富会"的情节,你看到了哪些社会现象?
第四周 【第二部】 卷四	29—38	1. 兰花跟了王满银后,无疑是不幸的,但一切源于她自己的选择,试分析兰花性格中的悲剧性。 2. 孙少平暴打胡永州,救下小翠,从这件事,你发现少平是个怎样的人? 3. 在这几章节中,孙少平、金波、李向前都因感情而苦恼,他们三人的爱情分别有什么特点?
	39—47	1. 三十九章顾养民离开郝红梅时的那首信天游侧面表现了郝红梅怎样的心情,体会信天游的妙处。 2. 从刘玉升装神弄鬼给祖母看病的事件,你能看出当时村民们对封建迷信的态度吗,类似的事件在你的生活中存在吗? 3. 从少安、少平两兄弟关心照顾兰香的不同做法,思考二人不同做法的原因,试对比分析二人形象特征。 4. 润生和郝红梅在一起令人意外但又合乎情理,他们二人为什么能走到一起?
	48—55	1. 李向前失去双腿,润叶却选择照顾他,对于润叶的选择你如何理解? 2. 田福军早就发现张有智存在问题,为什么一直没能妥善处理,作者为什么要写这些内容? 3. 田晓霞和孙少平从初识到熟知再到恋人,田晓霞在孙少平的成长中,起到了哪些重要的影响? 4. 孙少平为妹妹上大学购买了许多物品,你阅读后有何感受?

续表

时间安排	阅读章节	阅读任务
第五周 【第三部】 卷五	1—8	1. 当孙少平被查出高血压时,他想,"在这最危险的时刻,应该像伟大的贝多芬所说'我要扼住命运的咽喉,他决不会使我完全屈服!'"从这句话,你看出他是怎样的人? 2. "当他在收款人栏里一笔一画写下'孙玉厚'三个字的时候,止不住的泪水已经模糊了他的双眼……"试着揣摩孙少平给家里填写汇款单时的心理。 3. 对比孙少安和田海民对待村里困难户的做法,评价二人的行为。 4. 哪怕在矿下,孙少平也不忘阅读书籍,书给他带来了什么?
	9—18	1. 成了记者的田晓霞性格与学生时代相比,有了哪些新变化,结合章节里的具体情节加以分析。 2. "点火仪式"反映了时代变迁,也折射出过去双水村的领导孙玉亭、田福堂的失落,对此,你有何阅读感受? 3. 王师傅身亡,但是"生产不能停——这就是煤矿!"这一内容,引发你哪些感想?
	19—27	1. 孙少安的砖厂塌火后,众村民的表现是否合理,你如何评价他们的行为? 2. 金老太太去世的丧礼习俗描写细致,请摘抄相关内容。 3. 命运并未垂怜孙少安夫妇,但苦难却让我们看到了夫妻俩难得的真情,阅读至此,你有何感想? 4. 武惠良、杜丽丽和李向前、田润叶两对夫妇的感情发生了重大变化,你觉得作者为什么要在此处交代他们的情感变化?
第六周 【第三部】 卷六	28—35	1. 从北京汇报会可以看出改革浪潮下官员们的努力和行事作风,仔细品读情节,感受当时的时代风气。 2. 细读田晓霞蒙难时孙少平的表现,体会他的内心,写下你的读后感受。 3. 孙少安的砖厂事业一波三折,终于有了新的转机,回顾前些章节有关胡永合的情节,思考胡永合对少安的事业发展起到了哪些作用?
	36—44	1. 为了让孙少平从田晓霞去世的悲痛中走出来,惠英嫂做了哪些努力? 2. 兰香从一个贫苦人家的女儿,成为前途无量的女大学生,她的命运变迁,引发你哪些思考? 3. 吃鱼事件,看似一场闹剧,让你看到了哪些现象? 4. 孙家箍新窑不仅仅为了改善居住环境,对孙家人来说还有哪些重要意义?
	45—54	1. 细读关于金波爱情的情节,这段理想爱情的追求,在"平凡的世界"里是否真实,试猜想作者大篇幅描绘这段爱情的目的。 2. 阅读孙少安投资拍摄《三国演义》的情节,分析他这样做的原因,比较少安和少平对这一事情的不同看法。 3. 刘玉升"修庙"、孙少安"建校",对比二人此举的异同。 4. 孙少平拒留省城,回到大牙湾,思考他为什么要做此选择,他的身上有哪些令人敬佩的地方?

走进"平凡的世界"

——《平凡的世界》导读课

【导读目标】

1. 阅读1—6章,梳理人物关系,初步感受人物形象。

2. 对比原著与电视剧片段,发现阅读原著的魅力,激发阅读兴趣。

3. 初步了解《平凡的世界》文学风格,归纳并实践相关阅读方法。

【导读重点】初识《平凡的世界》,发现名著魅力,激发阅读兴趣。

【导读难点】指引整本书阅读,归纳并学习相关的阅读方法。

【课前准备】课前阅读1—6章,根据内容,绘制孙家家谱,整理6个章节中出现的人物信息。

【导读过程】

一、《平凡的世界》初印象

读了1—6章,你觉得《平凡的世界》是一部_____的作品?

1. 学生畅谈。

2. 出示名家评价。

> 《平凡的世界》是茅盾文学奖皇冠上的明珠,激励千万青年的不朽经典,最受老师和学生喜爱的新课标必读书。
> ——陈忠实
>
> 这是唯一一本能真正感动我的书,十年来我都不敢看第二遍,平凡的世界十分令人感动,"平凡但不平庸"。
> ——杨云

二、初识人物群像

1. 整理课前完成的孙家家谱,学生展示。

示例:

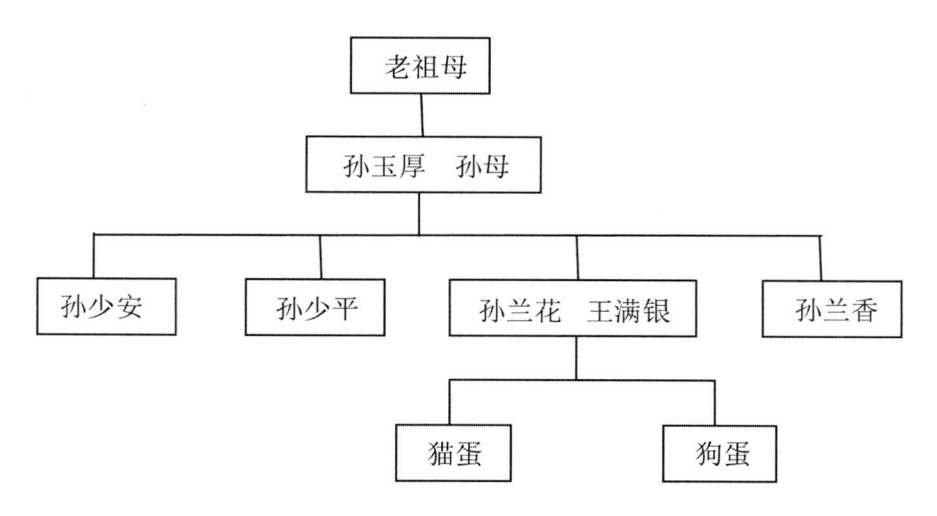

```
                    ┌──────────┐
                    │  老祖母   │
                    └────┬─────┘
                         │
                ┌────────┴────────┐
                │  孙玉厚  孙母   │
                └────────┬────────┘
    ┌──────────┬─────────┼──────────────┬──────────┐
┌───┴──┐   ┌──┴───┐  ┌───┴──────────┐  ┌┴──────┐
│ 孙少安│  │ 孙少平 │  │ 孙兰花  王满银 │  │ 孙兰香 │
└──────┘   └──────┘  └──────┬───────┘  └───────┘
                       ┌────┴────┐
                    ┌──┴──┐   ┌──┴──┐
                    │ 猫蛋 │   │ 狗蛋 │
                    └─────┘   └─────┘
```

2. 根据表格提示，填写人物信息。

孙少平的同学录		
姓名	与孙少平的关系	摘抄形象特点
（1）	对立、反感	每当少平看见他站在讲台上，穿戴得时髦笔挺，一边优雅地点名，以便扬起手腕看表的神态时，一种无名的怒火就在胸膛里燃烧起来，压也压不住
金波	最亲密的朋友	他皮肤白皙，眉目清秀，长得像个女孩子。但这人心却生硬，做什么事手脚非常麻利。平时像个姑娘，动作时如同一只老虎
（2）	告密者	劳动时尽管腿不好，总是扑着干。当然也爱做一些好人好事，同时又像纪律检查委员会的书记一样监督着班上所有不符合革命要求的行为
郝红梅	（3）	班上最漂亮的女生。他只是感到，在他如此潦倒的生活中，有一个姑娘用这样热切而善意的目光在关注他，使他感到无限温暖
（4）	隔壁班	她的性格很开朗，一看就知道人家是见过大世面的人！少平同时发现，田晓霞外面的衫子竟然像男生一样披着，这使他感到无比惊讶

明确：（1）顾养民（2）侯玉英（3）初恋（4）田晓霞

3. 结合1—6章内容，你读到了一个怎样的孙少平，请在下图添加孙少平的形象特点，并结合相关内容阐明你对他的认识。

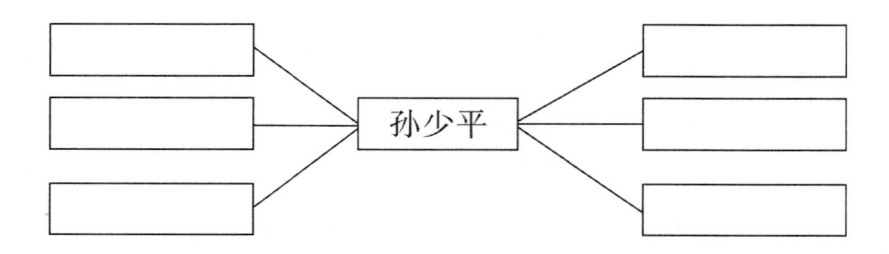

示例：贫困、营养不良、瘦高个、敏感、责任感强、疼惜家人、自尊心强、自卑、爱阅读、直爽、冷静……

三、发现原著魅力

观看2015版《平凡的世界》第一集前4'20的影视片段。

1. 对比书中第一章内容，你喜欢电视剧版还是原著版？（学生畅所欲言）

2. 电视版与原著版比较，你认为电视版失去了什么？

明确：电视剧版内容精炼，配有原著旁白，但是缺乏文字所具有的美感和想象空间。如黄土高原初春雨雪交加的细腻描绘、孙少平形象的刻画入微、重要细节的删减改编……

3. 如果你是《平凡的世界》的导演，你会如何拍摄第一章的内容？小组合作，选取部分段落，详细说明。

提示：可结合推镜头、拉镜头、特写、全景等拍摄方式加以阐述。

四、依据名著特质，提炼阅读方法

阅读，需回归原著。对于这样一部鸿篇巨制，我们可以怎么读？

1. 理清人物关系，关注人物命运走向

出示：

孙少平：贫困高中生——煤矿工人

孙少安：生产队长——农民企业家

孙兰香：差点辍学——北方工业大学天体物理专业

田晓霞：革委会副主任女儿——省报记者

郝红梅：顾养民的恋人——田润生的妻子

《平凡的世界》人物命运几多沉浮，十年里，他们经历了什么？阅读中记录主要人物的关键事件并思考其对人物的影响。

2. 关注富有陕北风情的乡土语言

（1）陕北方言：读一读，初步体会陕北方言特点，试分析加点字的效果。

"你还没吃饭哩?"润叶问她二爸。

"这是谁家的娃娃?"田主任指着他问润叶。

"这就是咱村少安他弟弟嘛!也是今年才上的高中……"润叶说。

【节选自第三章】

(2) 信天游

速读十四章,分析这则信天游在本章节的作用。

于是,他们就相跟着一块出了那座清朝年间修建的古老破败的老城门,又下了一个小土坡,来到了绕城而过的县河滩里……不知从什么地方的田野里,传来一阵女孩子的信天游歌声,飘飘荡荡,忽隐忽现——

正月里冻冰呀立春消,

二月里鱼儿水上漂,

水呀上漂来想起我的哥!

想起我的哥哥,

想起我的哥哥,

想起我的哥哥呀你等一等我……

【节选自第十四章】

3. 细读特殊时期的场景描写,感受大社会背景下的众生相

如批斗会、人民公社、工分、责任制、改革开放……

我不会用政治家的眼光审视这些历史事件。我的基本想法是,要用历史和艺术的眼光观察在这种社会大背景下人民的生存和生活状态。作品中将要表露的对某些特定历史背景下政治事件的态度,看似作者的态度,其实基本应该是那个历史条件下人物的态度……

——路遥

五、布置整本书阅读任务

1. 完成通读指导相关内容。

2. 绘制整部作品人物关系图。

3. 整理主要人物重要事迹,归纳人物形象。

命运的斗士·孙少平

——《平凡的世界》研读课

【研读目标】

1. 梳理孙少平重要事迹，全面解读孙少平这一人物形象。
2. 分析三位女性对孙少平人生轨迹的影响，探究人物性格成因。
3. 结合故事情节和人物形象特点，预测孙少平未来走向。

【研读重点】 全面解读孙少平这一人物形象。

【研读难点】 分析三位女性对孙少平人生轨迹的影响，探究人物性格成因。

【课前准备】 梳理孙少平的人生履历，概括形象特点。

【研读过程】

一、绘制人生履历表

1. 借助你整理的孙少平履历将他的重要事迹补充完整。

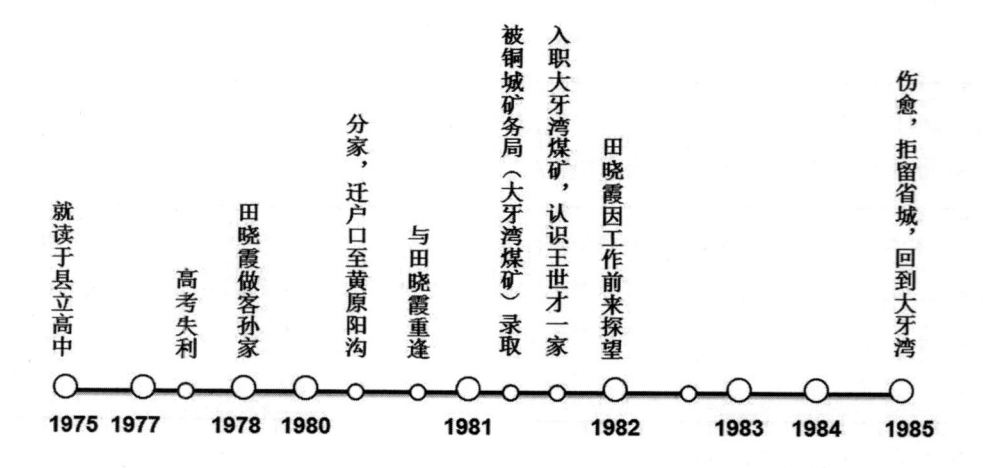

1975	就读于县立高中
1977	高考失利
1978	田晓霞做客孙家
1980	分家，迁户口至黄原阳沟
1981	与田晓霞重逢
1982	被铜城矿务局（大牙湾煤矿）录取；入职大牙湾煤矿，认识王世才一家
1983	田晓霞因工作前来探望
1985	伤愈，拒留省城，回到大牙湾

2. 补充完整后，绘制人生曲线图

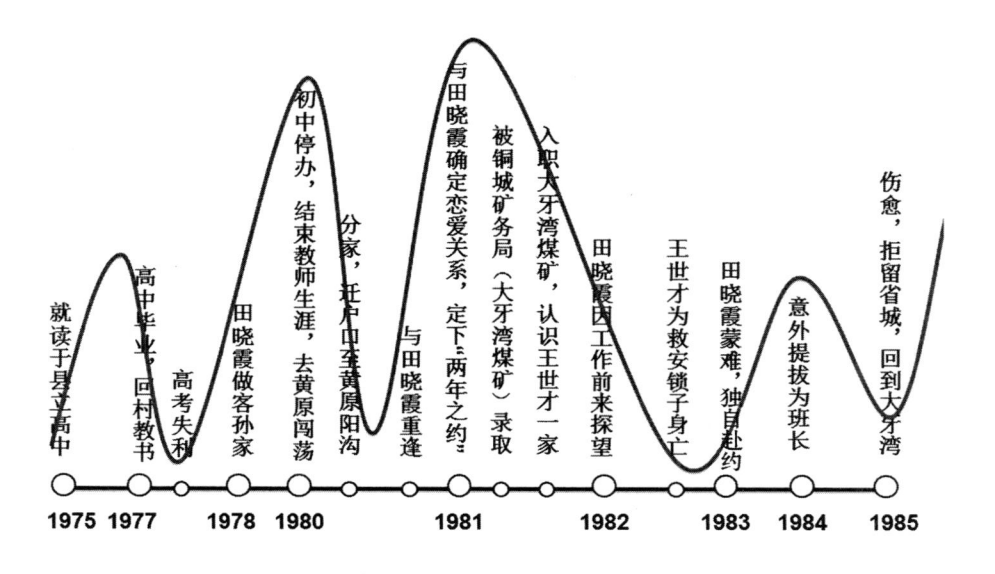

孙少平人生轨迹图（事件标注，按时间轴）：

- 1975 就读于县立高中
- 1977 高中毕业，回村教书；高考失利
- 1978 田晓霞做客孙家
- 1980 初中停办，结束教师生涯，去黄原闯荡；分家，迁户口至黄原阳沟；与田晓霞重逢
- 1981 与田晓霞确定恋爱关系，定下"两年之约"；被铜城矿务局（大牙湾煤矿）录取
- 1982 入职大牙湾煤矿，认识王世才一家；田晓霞因工作前来探望
- 1983 王世才为救安锁子身亡；田晓霞蒙难，独自赴约
- 1984 意外提拔为班长
- 1985 伤愈，拒留省城，回到大牙湾

二、探寻孙少平的成长轨迹

在孙少平起伏的成长历程中，出现了三位重要的女性：郝红梅、田晓霞、惠英嫂，你认为哪一位女性对他的命运走向产生了重要作用，结合具体内容分析。

小组合作，确定一位女性，查找相关章节，圈画关键语句，讨论并明确其作用。

预设：

1. 郝红梅——审视自我

郝红梅，孙少平的高中同学，他们同是贫寒学子，敏感的自尊心和对读书的渴求，让两位年轻人走到一起。郝红梅因生活所迫，将目光转向富家子弟顾养民，打破了孙少平对生活的幻想。他开始审视贫穷所带来的不幸和苦难，着眼于现实世界，从不谙世事的少年逐渐蜕变为成熟青年。

2. 田晓霞——走向成熟

作为地市委书记的女儿，田晓霞敢于冲破阶级观念，与身份低微的孙少平产生深厚的感情。活泼开朗的她是孙少平苦闷生活里的一束光，在她的影响下，孙少平从摆脱贫困的狭隘思想中走出来，通过阅读书籍，认识世界，思考人生的意义。田晓霞的死，令孙少平经受身体与灵魂的双重打击，但正因为此，才让他认识这个真实而残酷的现实世界，从而走向真正的成熟。

3. 惠英嫂——蜕变为男子汉

矿难受伤后，孙少平回到大牙弯，在惠英嫂无微不至的关心下，他开始坦然面对自己的不足，重新找回了自信与自尊，蜕变为一名真正的男子汉。在经历种种磨难后，他依然以自强不息的姿态面对充满变数的生活，朝着自己认定的方向，坚定前行。

小结：从对贫穷而自卑到坦然面对生活，从对爱情的幻想追求到对平凡朴素亲情的珍惜，从理想走向现实，这些都是孙少平人生的飞跃。孙少平，作为一名社会最底层的劳动者，向我们展现了一个平凡又伟大的劳动者世界。

三、观点碰撞

孙少平在家里需要他的时候选择外出闯荡世界，由于这一举动，有人认为他是一个利己主义者，也有人认为他是平凡世界的勇士。你认同哪个观点，请根据相关情节，谈谈你的理解？

> 少平一个人独处这天老地荒的山野，一种强烈的愿望就不断从内心升起：他不能甘心在双水村静悄悄地生活一辈子！他老是感觉远方有一种东西在向他召唤。他在不间断地做着远行的梦。
>
> 【节选自第十二章】
>
> 少安惊讶得："你胡想啥哩！家里现在这么忙，人手缺得要命，你怎么能跑到外面逛去呢？"
>
> 【节选自第十二章】

预设：

1. 孙少平喜欢看书，精神世界较常人丰富。早在高中时期，他就立志做个不平庸的人。高中毕业后他不甘于做一个安分守己的农民，他渴望独立，向往村子以外的大世界，时常做着远行的梦。他知道得太多，也思考得太多，因此，他有着周围人不能理解的苦恼。

2. 孙少平离开双水村并不只是为了个人的理想，事实上在外的日子他仍然心系家里。他主动承担父母建房和养老费用，每月定期给妹妹寄钱，为妹妹准备上大学的日常生活用品……所有的一切，我们都可以轻易地举证否定孙少平是利己主义者的说法。

3. 孙少平的骨子里有一种强烈的奋斗和闯荡精神，让他勇敢地面对生活给予的考验。他凭借非凡的毅力，战胜沉重的劳动、贫苦的生活以及身心的各种折磨，他对生活始终充满希望。当他为救协议工而受伤时，他用自己的选择诠释了勇敢和坚毅，也让读者明白，人生的价值在于对自身苦难的正视、思索与抗争。

四、预测未来

小说结尾，孙少平拒绝留省城，回到了大牙湾，依据你对孙少平的认识，发挥合理想象，你觉得孙少平的未来会如何发展？

预设：与惠英结婚，承担照顾惠英母子的责任；在矿上表现优秀，成为矿区领导；重新拿起书本，在煤炭技术学校学习，后摆脱矿下煤矿工人的处境；接受金秀锲而不舍的追求，离开大牙湾；因伤病，不得已回归农村，过上平淡的农村生活……

五、学以致用

选择小说中你最感兴趣的一位人物，按照本节课解读人物形象的方法，评点该人物，写下一篇人物评点，在班级内交流参评。

小贴士：

梳理人物重要事迹，思考影响人物命运走向的因素，分析人物身上矛盾冲突之处，辩证评价人物形象。

原著与改编

——《平凡的世界》阅读交流课

【交流目标】

1. 对比电视剧与原著内容的不同，结合时代背景，思考两种艺术形式不同呈现的原因。

2. 赏析电视剧中孙少安的形象，在比较批评中，深化阅读感悟，重新审视原著魅力。

【交流重点】对比电视剧与原著内容的不同，评析孙少安形象的再创作。

【交流难点】在比较批评中，深化阅读感悟，重新审视原著魅力。

【课前准备】观看2015版《平凡的世界》电视剧，全班分成三大组，分别从情节的删除、情节的改写、情节的增加三个角度记录发现，并写下观看感受。

【交流过程】

一、展示电视剧对原著情节的改编内容

小组整理展示【重要情节】

1. 删除

（1）金波遥远的藏族爱情。

（2）政策开放后，双水村村民各显其能。

2. 改写

（1）砖厂塌火后众村民的反应。

（2）孙少安成为炸山偷水事件主角。

（3）郝红梅偷手帕事件始末。

（4）田润叶、李向前结婚原因。

3. 增加

（1）孙少平上学时帮工帮厨、捡钱交公等。

（2）孙少安进城拉砖丢骡子。

（3）田润叶讨回喜糖和"抢婚"事件。

二、评析电视剧对孙少安形象的再创作

1. 找出改编情节中有关孙少安的内容，评判改编的优劣之处，并分析改编的原因。（分析中播放相关视频）

预设：

（1）情节一：电视剧中，改革开放后，孙少安是村里唯一的"佼佼者"，他的砖厂是全村人就业的聚居地。原著中，随着国家政策的放开，村民们发家致富途径多样，这是当时中国实行责任制后的真实再现。书中写到"田有万""憨牛"等人给孙少安打工，表现了孙少安夫妻对村中弱者的同情与帮助，与田海民夫妇的自私自利形成对比。而电视剧的处理，虽然让孙少安的主人公形象更为凸显，却与当时社会背景及作者写作意图有所出入。

（2）情节二：原著中，孙少安砖厂塌火后，村民们不顾昔日情面纷纷上门讨债。而在电视剧里，村民不计个人损失，反而慷慨帮助孙少安重振旗鼓。这一改编美化了双水村村民的形象，弱化了孙少安创业中的困难，提升了孙少安在村民心中高大的形象，与原著不符。

（3）情节三：原著中，双水村炸山偷水事件的主人公都是田福堂。但是在电视剧中，这两件事的主导者改编成孙少安，田福堂只是暗中相助。同时，孙少安在这一事件中一心只想让村民过上好日子，并不在意自己立功与否。这一处理令孙少安的形象更加高大无私，主角光环凸显。而原著在这一部分写作中，着重刻画面对重大事件时，双水村村民的众生相，更贴合时代背景。

（4）情节四：原著中，孙少安到城里拉完砖，赚了钱，不仅还了秀莲娘家的牲口钱，还有了开砖厂的启动资金。而在电视剧中，此处增加了孙少安丢骡子，后又用计让偷骡子人归还骡子的情节。这个改编让故事一波三折，表现少安的能干与善良，人物形象更加丰满。

2. 豆瓣上有关网友对电视剧的评价，你认同吗？作为网友，请在留言区留下你的想法。

留言一：原著中孙少平是男一，孙少安是男二，现在的电视剧改动太大了，孙少平戏份少，成了配角，而孙少安增加了许多原著没有的情节，破坏了原著塑造的经典形象。

留言二：我不同意孙少平是男一，孙少安是男二的看法。孙少安代表扎根于农村、一心谋发家致富的青年，孙少平代表有知识文化，敢于闯荡，心怀理想的青年，他们兄弟俩的经历共同构成了故事的两条主线。

留言三：

小结：原著中，孙少安是双水村一名踏实肯干的农民，他通过不懈的努力，改变了家庭的破败境况，并尽其所能为双水村做实事。他是一个难得的乡村"能人"，但更是一个普通的平凡人。可是，在电视剧里，孙少安被"英雄化"，争夺水源、炸山打坝、建砖厂帮助村民……他在改变个人命运的同时，也改变了双水村的命运。因而，他的戏份远远超过孙少平，成为第一男主角。

三、探究电视剧对原著改编的目的

电视剧的改编，将孙少安英雄化，孙少平在作品中的地位被削弱了。探究电视剧为什么要这样改编？

学生猜测、讨论。

预设：电视剧和文学作品是两种不同的艺术形式，在呈现方式上大有不同。孙少安作为一个普通的农民，却有近乎于超能力，带领全村过上更好的生活，这类"平民化"的题材更能引起观众的观看兴趣。孙少平是个理想主义者，阅读原著，我们时常能感受到他巨人般的内心。他注重诗和远方，永远不低下高贵的头颅与灵魂，但是在拍摄上，可能会比较困难，难以符合浮躁的当下。《平凡的世界》创作于"文化大革命"后，中国蓬勃发展的新时期，路遥在创作中不可避免地带上当时的时代色彩，孙少平身上的理想主义以及命运斗士的形象，正是当时阅读者所崇尚的，激励了一代又一代的年轻人。

四、感悟原著魅力

经典的作品是不容易被改编的，通过对比分析，我们发现了原著的魅力。回顾你的阅读感悟，你觉得《平凡的世界》是一部_____的作品？

预设：现实主义、接地气、伟大、理想化、地方特色……

明确：《平凡的世界》是一部用生命创作的文学经典。

路遥创作《平凡的世界》

　　有一次路遥的朋友去他的工作间看他时，看见的是"写字台上横七竖八放着十几支圆珠笔，一只大号烟灰缸已满得冒了尖；两百八十个格的稿纸歪歪扭扭摞了有二尺高"。而路遥正窝在沙发上"梦周公"，口角上流下的涎水将沙发上的扶手浸湿了一大片。

　　……

　　路遥在第二部完稿时，体力已完全透支，他吐了一口血，血流在了桌子上。去医院看病后，医生要他必须停止工作，但路遥的选择是不惜生命也要完成《平凡的世界》第三部。

结语：

　　"他是一个优秀的作家，他是一个气势磅礴的人，但他是夸父，倒在干渴的路上。他虽然去世了，他的作品仍然被读者捶读，他的故事依旧被传颂……"

——贾平凹

名人传

——【法】罗曼·罗兰

一、作品介绍

【内容简介】

《名人传》出自法国著名作家罗曼·罗兰之手,创作于二十世纪初期。全书分为三部分,即《贝多芬传》《米开朗琪罗传》和《托尔斯泰传》。作者将目光投注于三位艺术家的精神世界,抓住其人生的几个重要节点,着力刻画三位艺术家身陷困境却竭力忍受苦难与命运抗争到底的崇高精神。正如杨绛《序》中所写:"贝多芬供大家享乐的音乐,是他'用痛苦换来的欢乐'。米开朗琪罗留给后世的不朽杰作,是他一生血泪的凝聚。托尔斯泰在他的小说里,描述了万千生灵的渺小与伟大,描述了他们的痛苦和痛苦中得到的和谐,借以播送爱的种子,传达自己的信仰。"正是因为三位传主身上具备共同之处,罗曼·罗兰深情地将他们称为"英雄",他用自己的如椽巨笔,为我们谱写了一阕感人至深的"英雄交响曲"。《名人传》在成书伊始就产生了广泛的社会影响,之后的一百多年里,这部传记一直给予世人无穷的精神力量。

【作者简介】

罗曼·罗兰(1866—1944),法国思想家、文学家、批判现实主义作家、音乐评论家和社会活动家,1915年获得诺贝尔文学奖。罗曼·罗兰的艺术成就主要在于他用质朴刚健的文笔刻画了处于人生困境中,为追求真善美而奋力前行的艺术家形象。他的小说特点,常常被人们归纳为"用音乐写小说"。

【创作背景】

19世纪末20世纪初的欧洲社会,物质利益凌驾于真理之上,欺小凌弱和暴力成为通用的准则,这让怀抱理想的罗曼·罗兰陷入困惑和羞愧之中,他给伟大的俄罗斯作家列夫·托尔斯泰写信,希望能够得到帮助。托尔斯泰回复了他一封长达二三十页长的信,信中写道:"一切使人们团结的,是善与美;一切使人们分裂的,是恶与丑。"

这封回信对罗曼·罗兰的一生构成了不可磨灭的影响。罗兰渴望尽自己所能去改变世界，他把社会变革与进步的希望寄托在"英雄"人物的身上，写出了《名人传》，希望能够唤醒世人一起来拯救堕落的欧洲。

二、实施要求

《名人传》虽是人物传记，但并不注重对人物生平的细致考据，没有对人物经历的事件描述，因此读起来故事性不强。相反，作者注重人物心理的描绘，其中有大量的内心独白，刻画出人物的心路历程；也采用了很多的侧面描写如大量引用信件和日记，用来突出人物的伟大情怀。这些不同于寻常传记的写作方法，导致文章阅读起来有一些跳跃性和晦涩之感，对学生来说存在一定阅读难度。因此，教师应事先进行一定的方法指导，帮助学生能够尽量在最短的时间内获取尽可能多的信息，得到尽可能深刻的理解。

至于阅读的方法，个人认为可以从这几方面入手：

首先，应该对人物的生平做一个大概的梳理，比如人物的主要经历、人物的相关成就和人物遭遇的重要困境。学生可以通过阅读序言和题记等来了解大致内容以及重点所在，尽快掌握主要内容，然后用列表格的形式进行梳理。

其次，需要分析归纳三个主要人物的性格特点。要达到这个层次，需要学生进行精读。精读过程中，可以结合做摘记和写心得的方式进行。同时还可以将三个主人公进行比较，找出他们身上的异同，从而学习作者塑造人物的方法。教师可以提供一定范例让学生进行借鉴；学生也可以做一些阅读摘记，写一写读后心得。

最后，要尝试对作品的主题思想、写作特色等方面进行适当的分析评价，在评价时应该注重运用辩证思维，即既要注意到主人公的伟大之处，也要看到他们身上存在的人性弱点；既要通过学习掌握本部传记的特点，也要以此为抓手，激发学生去尝试阅读更多类型的传记文学。

为了实现阅读目标，在名著阅读教学中，要充分发挥学生的学习积极性和主动性，做好课前准备，并有效利用网络资源，丰富教学内容；在学法指导上，注重启发性，注重小组的交流、合作与探究，尊重个体认知体验，引导树立正确的人生观、世界观。

具体做法有：

1. 利用课外资源（网络素材或课外读物），搜集三位名人相关作品或材料。

①欣赏关于贝多芬的音乐作品，如：降 E 大调第三交响曲《英雄》、c 小调第五交响曲《命运》、F 大调第六交响曲《田园》、A 大调第七交响曲、d 小调第九交响曲《合唱》（《欢乐颂》主旋律）、序曲《爱格蒙特》、《莱奥诺拉》、升 c 小调第十四钢琴奏鸣曲《月光》、F 大调第五小提琴奏鸣曲《春天》、F 大调第二浪漫曲等。

②欣赏米开朗琪罗的雕塑和绘画，如：雕塑《哀悼基督》《大卫》《摩西》和绘画《创世纪》《末日审判》等。

③了解列夫·托尔斯泰的生平和代表作品，如：《安娜·卡列尼娜》《战争与和平》《复活》等。

2. 学生运用摘抄和做笔记的方法进行个体阅读，获得对作品的基础认知。

①摘抄名言警句。

②摘抄精彩段落。

③写一写内容提要和赏析、心得。

3. 通过各种课堂活动设计，在学生之间展开充分的探讨交流，把握三位名人的内在精神特质，以及三位英雄的共同点；理解作者对于英雄的看法；感受英雄在遭受困厄时的悲剧色彩；探究英雄之所以成为英雄的因素；学习作者写作特色，欣赏其艺术魅力。

三、导读攻略

全书完成阅读建议用时 3 周，主要采用略读和精读结合的方法，每周的阅读都要完成一定的任务。

以本人手头的译林出版社版本为例来安排阅读进度。

周次		阅读章节	阅读任务
第1周（略读）	周一	P5—52：序言和贝多芬传	了解译者和作者写作缘由 梳理贝多芬的生平和重要作品
	周二	P53—85：贝多芬医嘱和书信	理清贝多芬的亲友关系
	周三	P89—126：附录——傅雷《贝多芬的作品及其精神》	了解贝多芬的音乐作品及其音乐特色
	周四	P132—202：原序、导言、上编	了解作者对米开朗琪罗的评价 梳理米开朗琪罗的经历和作品
	周五	P205—263：下编、尾声、作者小结	梳理米开朗琪罗的经历和作品 圈点勾画，体会作者对米开朗琪罗的赞美之情
	周六	P269—364：序言、生平	了解写作背景 梳理不同时期不同作品中体现的思想发展阶段
	周日	P365—452：生平、托尔斯泰遗著论、亚洲对托尔斯泰的回响、托尔斯泰致甘地书、著作年表	梳理不同时期不同作品中体现的思想发展阶段 了解托尔斯泰思想的影响 总体了解托尔斯泰作品

续表

周次	阅读章节	阅读任务
第2周 （精读）	相关内容	摘抄人物外貌描写，尝试对人物不同时期外貌进行对比得到一定结论
		概括人物生平经历，理清人物所处的各种困境及对应做法，从中感受人物的思想变化
		摘抄精彩段落，写一点赏析和心得体会
		结合上述材料，尝试分析人物形象
第3周 （精读）	相关内容	摘抄三部传记中关于环境描写的句子（分为自然环境描写和社会环境描写）
		赏析作者环境描写的作用
		小结人物所处的环境特点并思考人物的成长与性格特点跟他所处的环境之间的关系
		探究"英雄"的定义

说英雄，谁是英雄？
——《名人传》导读课

【导读目标】
1. 通过各种方式激发学生阅读兴趣。
2. 初步了解名著内容，理解名著主旨。
3. 学习一些阅读名著的方法，为开展名著阅读打好基础。

【导读重点】熟知内容，把握主旨。

【导读过程】

一、导入

播放歌曲《滚滚长江东逝水》，并出示歌词：

滚滚长江东逝水，浪花淘尽英雄。是非成败转头空，青山依旧在，几度夕阳红。

白发渔樵江渚上，惯看秋月春风。一壶浊酒喜相逢，古今多少事，都付笑谈中。

问：对于"谁是英雄"这个问题，很早以前，曹操就给出了自己的答案。据说有一天，曹操青梅煮酒宴请刘备，席间试探刘备说："天下英雄，惟使君与操耳！"

你认为怎样的人配称为英雄？你心目中的英雄是谁？

二、初步了解作品

1. 关于罗曼·罗兰的《名人传》，你知道写的是哪几个人物吗？
2. 猜猜下列三张图片分别是谁？

问：你会怎样描绘这三个人的外貌？

出示书中描写三人外貌的句子：

> （1）"脸又长又厚又粗犷，头发很短，向前盖着，使额头显低，两只小眼睛深陷在阴暗的眼眶里，严峻地盯着别人，鼻子扁阔，嘴唇厚而前伸，耳朵大大的。"
>
> （2）"矮小粗壮，一副运动员的结实骨架。一张土黄色的阔脸庞，额头凸起、宽大，双眼闪烁着一种神奇的力量，使所有看到他的人都为之震慑。"
>
> （3）"脑袋滚圆，额头方方，凸出，布满皱纹，头发呈黑色，又小又忧伤但又很敏锐的眼睛颜色深褐，但有点蓝褐和黄褐的斑点，色彩常常变化。"

问：从这三段肖像描写来看，三个人有什么共同特点？

这样三个其貌不扬的人，在罗曼·罗兰心中都是英雄。他们身上究竟有何特质，使得他们配得上"英雄"这一桂冠？请阅读初版序部分，尝试从中找到答案。

> 我称之为英雄的，并非以思想或力量取胜的人，而仅仅是因其心灵才伟大的人。正如他们中最伟大的一个，亦即我们将叙述其生平的那个人所说："除了善良，我不承认还有其他高人一等的标志。"没有伟大的品格，就没有伟大的艺术家、伟大的行动者；而只有一些为群氓而立的腹中空空的偶像，时间会将它们统统摧毁。成败无关紧要，重要的是伟大，而不是显得伟大。

思考："重要的是伟大，而不是显得伟大"一句如何理解？

明确:"伟大"是在艰难困苦的情境中进行超人的努力与奋斗,"显得伟大"则是取得成就。说明作者更为推崇的是那种无论遭遇何种挫折困苦,仍然永不放弃执着奋斗的精神品质。

问:这三个人的人生,又是如何与这英雄的定义对应的?能尝试举例说明吗?

三、方法指导

(一) 摘抄

摘抄可分为两类:

1. 名言警句,如:

(1) 我要扼住生命的咽喉,它决不能使我屈服……

(2) 只有道德才能使人幸福,而不是金钱。

2. 精彩片段,如:

贝多芬的肖像描写:

他短小臃肿,外表结实,生就运动家般的骨骼。一张土红色的宽大的脸,额角隆起,宽广无比。乌黑的头发,异乎寻常的浓密,好似梳子从未在上面光临过,到处逆立,赛似"梅杜萨头上的乱蛇"。

他的双眸具有强烈的震慑力,放射出粗野狂放的光芒。蓝灰色的眼珠往往会因兴奋或愤怒而张得很大,在眼眶里转个不停,而眼珠大多数时候都将他内心的忧愁展露无遗。

注意:摘抄之后可进行简单赏析,并从中学习、归纳一定写作手法,如:抓住最能反映人物个性的外貌特征,细致刻画;按照一定顺序进行描写;外貌描写是为反映人物精神世界等。

(二) 做笔记

做笔记也可以分为两类:

1. 写提要,如:

贝多芬自幼不幸,他的父亲是一个残暴的酒鬼,他剥夺了小贝多芬学习、休息和娱乐的时间,而只是一味地强迫幼小的儿子没完没了地练习钢琴和小提琴,期望他将来成为自己的摇钱树,贝多芬度过了冷酷的童年生活。1878年,贝多芬前往维也纳拜访他仰慕已久的偶像莫扎特为师,受到莫扎特的高度评价。不久,他母亲患重病且很快地离开了人世。过度的悲痛使他接二连三地得了几场大病,其中一次是出天花,永远地毁了他的容貌,后来他又失聪。可是这位自尊心极强的音乐家仍然相信,"谁也无法战胜我,我要死死握住命运的咽喉"。在悲苦的日子里,贝多芬从事于歌颂欢乐的音乐事业,只有音乐才能使他战胜自己的痛苦,将他从死亡的边缘一次又一次地拽了回来。在贝多芬的创作生涯中，战胜恶劣的命运，战胜人类的平庸始终是他的主题。

注意：写提要可以是语意连贯的成段文字，也可以是按层次和要点罗列的提纲，还可以是能够体现作品结构思路的图表。同学们可以根据题材和自身兴趣特长选择适当的方式。

2. 写心得，如：

(1)【托尔斯泰《忏悔录》节选】

我爱上了这些人（平民们）。我越深入思索我常听到和读到的他们的生活，我就越热爱他们，我自己也就生活得更愉快了。我这样生活了两年，我身上发生了激变。这一激变早就在我身上酝酿着，它的萌芽一直存在。情况是这样的：我的圈子——富人和有学问的人的生活，不但使我厌恶，而且丧失了任何意义。我的一切行为、议论、艺术在我看来都是胡闹。我明白了，从这方面去寻找生命的意义是不行的。创造生命的劳动人民的行动在我看来是唯一真正的事业。我明白了，这种生活所具有的意义是真理，所以我就接受了它。

赏析：从中我读到了一位走向民众的列夫·托尔斯泰。

(2) 感受名人的高度

《名人传》是罗曼·罗兰奉献给人类精神领域的"大餐"，三位伟人也成为人类历史长河中最璀璨的"英雄"。（贝多芬的"在伤心隐忍中找栖身"；米开朗琪罗的"愈受苦愈使我喜欢"；托尔斯泰的"我哭泣，我痛苦，我只是欲求真理"无不向人们彰显着：伟大的人生就是一场无休止的战斗。浮躁的世风和急功近利的心态让我们如是浮在半空中的蓬草，迷茫而无根之基。理想与信念的缺失让我们浑浑噩噩，不能自拔，眼高手低的我们只剩下聒噪的唠叨和永不休止的埋怨。伟人苦难的人生折射出人性的光芒，如一场及时雨正一点一滴地渗入我们的身体，浸透我们的肌肤，洗礼着早已布满浮沉的灵魂。平凡的我们也许无法达到巨人的高度，但我们可以改变一下自己的呼吸方式，感受名人殷红而沸腾的血液，让巨浪鼓舞后人，让英雄名垂青史。）[1]

注意：写心得是记录自己阅读时产生的体验、感想，如对作品的内容（人物、情节、情感、思想等）和形式（写作技巧、行文风格、艺术特色等）的看法和评价，以及自己在阅读中生发的新认识、新观点。

小结：在阅读中，摘抄和做笔记常常是结合在一起的。同学们可以借助这些方法帮助自己理清作品内容，分析人物形象，感悟文章主旨，同时还可以帮助他人学习参考和与别人交流分享。

---

[1] 孙显梅《痛苦和磨难造就的伟人——〈名人传〉》主题探究课简一案。

四、作业

1. 参考范例，梳理人物

人物	罗曼·罗兰（1866—1944）法国小说家、剧作家、评论家
主要活动经历	作者从小爱好音乐，崇拜托尔斯泰和雨果的作品，形成了非暴力主义的人道主义思想。他于1880年10月到巴黎，三年后考上了巴黎高等师范学校史学系研究历史。1892年回国后教音乐史，这为他的文学创作奠定了基础。1903年开始，连续写了几部名人传记：《贝多芬传》（1903）、《米开朗基罗传》（1906）和《托尔斯泰传》（1911），共称《名人传》。同时发表了他的长篇小说杰作《约翰·克利斯朵夫》。该小说于1913年获法兰西学院文学奖金，由此罗曼·罗兰被认为是法国当代最重要的作家。1915年获得诺贝尔文学奖。20世纪30年代，当选为国际反法西斯委员会主席
主要成就	《群狼》1898年　　　　　　《约翰·克利斯朵夫》1907—1912年 《名人传》19世纪　　　　　《脱于混战之上》1915年 《欣悦的灵魂》1933年　　　《母与子》

2. 了解三位巨人英雄人物关系

贝多芬

▲ 家庭关系：

▲ 朋友：

▲ 恋人情人：

▲ 同时代有交往的名人：

说英雄，"你"是英雄！
——《名人传》交流课

【交流目标】

1. 理清三篇传记基本内容。
2. 对作品中精彩部分的赏析交流。
3. 通过探讨，力求对人物有更深刻的更全面的认识。

【交流重点】对文中精彩内容的赏析交流。

【交流难点】对人物形象的全面理解。

【交流过程】

××班阅读分享会

主持人：经过一个星期的阅读，相信大家都已经对三位名人有了一定的了解。今天我们在这里举行班级阅读分享会，希望通过三个活动，一起来分享交流自己的阅读成果。下面就让我们进入活动时间。

一、活动一：抢答题——为经典连线

1. 请说出下面两张图片，分别是米开朗琪罗的哪个作品。

2. 请说出下列几句话，分别是谁的名言。

（1）被苍蝇咬上几口，骏马依旧奔驰向前。（贝多芬）

（2）愈使我受苦的我愈欢喜。（米开朗琪罗）

（3）被人爱和爱别人是同样的幸福，而且一旦得到它，就够受用一辈子。（列夫·托尔斯泰）

3. 播放一段音乐，请说出是贝多芬的哪一首名作。

主持人播放《第九交响乐》。

二、活动二：小组展示——为精彩鼓掌

主持人：从同学们刚才回答问题的踊跃程度，我完全感受到大家都是有备而来的，对名著的内容那叫一个熟悉。好，接下来，就给大家一个能够更全面展示自己阅读储备的机会。请你说出给你留下深刻印象的精彩句子或者片段描写，并与在座各位分享你独到的见解。

示例1：

俄罗斯的伟大的心魂，百年前在大地上发着光焰的，对于我的一代，曾经是照耀我们青春时代的最精纯的光彩。在19世纪终了时阴霾重重的黄昏，它是一颗抚慰人间的巨星，它的目光足以吸引并慰抚我们青年的心魂。

赏析：这段话的语言非常热烈，富有激情，作者把托尔斯泰比作抚慰人间的巨星，写出了托尔斯泰在那个时代巨大的影响力，也表达了自己对托尔斯泰的崇敬与赞美。

示例2：

给我留下最深刻印象的是《第九交响曲》第一次演奏会。1924年，由贝多芬亲自担任指挥的《第九交响曲》在维也纳举行首场公开演出。演出结束后，现场沸腾了，听众们自发连续五次鼓掌表达对贝多芬深深的敬意。但是因为耳聋，贝多芬听不见雷鸣般的掌声，直到女歌唱家温葛尔握住他的手，扶他转过身，他才看到这动人的一幕。这一次演奏会之所以令我震撼，是因为贝多芬战胜了疾病，战胜了绝望。他用自己的胜利告诉我，人类的精神力量竟然可以无坚不摧！他不愧为一个真正意义上的英雄！

三、活动三：班级小论坛——为英雄点赞

主持人：聆听了同学们精彩的发言，我敢肯定，同学们在心里对《名人传》里的三位主人公，都已经有了自己的看法和评价。接下来，让我们进入一个帖子，各抒己见，来一场思维的碰撞！

主持人发帖：

> "我愿证明，凡是行为善良与高尚的人，定能因之而担当患难。"——贝多芬
>
> 这是贝多芬的话，也是作者用来判断一个人是否称得上英雄的准则。你认为，书中的三位主人公，是否符合这英雄的准则？请说出你的看法，为他点赞。

回帖1：这句话的要点在于两点，一是行为善良高尚；二是能够担当患难。我认为贝多芬他用生命践行了自己的这句话。你看，他＿＿＿＿＿＿。所以，我认为贝多芬是一个＿＿＿＿＿＿的英雄。

回帖2：同意，贝多芬的确是一个英雄。那么你们认为米开朗琪罗怎么样？符合这句话的要求吗？

回帖3：我不认同米开朗琪罗是英雄。米开朗琪罗＿＿＿＿＿＿。我觉得他既胆小怕事，又很抠门，算不上英雄。

回帖4：我觉得楼上的吹毛求疵且有失偏颇了。综合起来看，我认为米开朗琪罗还是一个英雄，是一个＿＿＿＿＿＿的英雄。

回帖5：4楼说得挺有道理，看人挺全面的。这世上没有完美的人，就算是俄罗斯最伟大的作家，托尔斯泰身上同样也存在缺点，他＿＿＿＿＿＿。但是，托尔斯泰＿＿＿＿＿＿。所以我觉得托尔斯泰是一位＿＿＿＿＿＿的英雄。

主持人总结：感谢大家的积极顶帖，让我们为三位伟大的英雄点赞。

这节课同学们都非常积极地投入，大家的种种精彩表现，充分证明了对经典阅读的投入。有这样的热情和投入，相信同学们在下一节课一定会带来更多的惊喜！

四、作业

1. 尝试概括《名人传》写作特色。
2. 选择其中一个人物,为他写一段100字左右的"名人感怀"。

说英雄,如何"造"英雄?
——《名人传》研读课

【研读目标】

1. 理解环境对一个人的影响。
2. 进一步深入探究英雄之所以为英雄的原因。
3. 感受作者对英雄的崇敬赞美之情。

【研读重点】理解个人与环境的关系。

【研读难点】英雄的伟大之处。

【研读过程】

一、导入

上节课同学们对《名人传》进行了各自的解读,有了很多精彩的发言,也归纳出了很多描写方法。今天,我们就其中一种描写方法来进行更深入的学习,希望通过学习之后,我们能够对"英雄"有更深刻的理解。

二、环境分析

今天要学习的重点是文中的环境描写。

问:环境描写分为哪几类?

明确:自然环境和社会环境。

接下来,请看表格,请大家从作品中找到相应语句,并尝试结合上下文分析其作用。

1. 自然环境描写

篇章	语句	作用
《贝多芬传》	1. 贝多芬的童年尽管如此悲惨……古怪的轮廓	(说明贝多芬性格受家乡的影响很深,表达出贝多芬对家乡的热爱与思念。)
	2. 他在大风雨中,大风雪中,一声响雷中,咽了最后一口气	(渲染悲凉气氛,为贝多芬的去世感到悲痛。)

续表

篇章	语句	作用
《米开朗琪罗传》	1. 那里，满是阴沉的宫殿，矗立着崇高的塔尖……橄榄枝 2. 荒确的乡土，"飘逸的空气"……基督显灵的所在	（家乡给人的感觉是美丽然而又充满矛盾的，为下面米开朗琪罗的性格气质和悲剧命运做了铺垫。）
《托尔斯泰传》	1.《高加索记事》：在一条河流旁边……空气中飘荡。 2.《战争与和平》：他只看见……无力地漂浮着	（作者以托尔斯泰作品中的环境描写作为线索，表现托尔斯泰思想性格的发展变化。）

2. 社会环境描写

篇章	语句	特点	社会环境与主人公关系
《贝多芬传》	维也纳从未对贝多芬抱有好感。像他那样一个高傲而独立的天才，在此轻佻浮华、为瓦格纳所痛恶的都城里是不得人心的	（轻佻浮躁）	（主人公都不被当时社会普遍接受，与当时社会都是格格不入的。）
《米开朗琪罗传》	那里，充满着狂热、骄傲、神经质的气息……烧死了他自己	（狂热混乱）	
《托尔斯泰传》	俄罗斯经历着空前的恐慌，帝国的基础显得动摇了，到了快分崩离析的地步……在他周围，托尔斯泰的精神革命并没博得多少同情；它使他的家庭非常难堪	（动荡不安冷漠无情）	

思考：英雄是如何被"造"出来的？

1. 作品中的环境描写有哪些作用？

明确：或是为了展示人物性格形成的原因；或是为了表现特定时刻的思想感情；或是为了体现人物思想感情的变化。

2. 你认为环境对人有影响吗？

明确：不可否认，环境与人密切相关。一个人的出生地的环境特点会对一个人的性格气质起到巨大的影响。但是，我们也不应过分夸大环境的影响，甚至认为它有决定性的作用。对于真正伟大的人来说，产生于特定环境，但是却能超越自身所处的环境，所处的时代，甚至引领一个社会一个时代进行变革，这才是真正的英雄。从某种意义上来说，环境的确"造"出了英雄。

三、拓展活动

阅读文章,完成任务:

世间最美的坟墓
茨威格

我在俄国所见到的景物再没有比托尔斯泰墓更宏伟、更感人的了。这块将被后代永远怀着敬畏之情朝拜的尊严圣地,远离尘嚣,孤零零地躺在林荫里。顺着一条羊肠小路信步走去,穿过林间空地和灌木丛,便到了墓冢前;这只是一个长方形的土堆而已。无人守护,无人管理,只有几株大树荫庇。他的外孙女跟我讲,这些高大挺拔、在初秋的风中微微摇动的树木是托尔斯泰亲手栽种的。小的时候,他的哥哥尼古莱和他听保姆或村妇讲过一个古老传说,提到亲手种树的地方会变成幸福的所在。于是他们俩就在自己庄园的某块地上栽了几株树苗,这个儿童游戏不久也就忘了。托尔斯泰晚年才想起这桩儿时往事和关于幸福的奇妙许诺,饱经忧患的老人突然从中获得了一个新的、更美好的启示。他当即表示愿意将来埋骨于那些亲手栽种的树木之下。

后事就这样办了,完全按照托尔斯泰的愿望;他的墓成了世间最美的、给人印象最深刻的、最感人的坟墓。它只是树林中的一个小小长方形土丘,上面开满鲜花,没有十字架,没有墓碑,没有墓志铭,连托尔斯泰这个名字也没有。这个比谁都感到受自己的声名所累的伟人,就像偶尔被发现的流浪汉、不为人知的士兵那样不留名姓地被人埋葬了。谁都可以踏进他最后的安息地,围在四周的稀疏的木栅栏是不关闭的——保护列夫·托尔斯泰得以安息的没有任何别的东西,唯有人们的敬意;而通常,人们却总是怀着好奇,去破坏伟人墓地的宁静。这里,逼人的朴素禁锢住任何一种观赏的闲情,并且不容许你大声说话。风儿在俯临这座无名者之墓的树木之间飒飒响着,和暖的阳光在坟头嬉戏;冬天,白雪温柔地覆盖这片幽暗的土地。无论你在夏天还是冬天经过这儿,你都想象不到,这个小小的、隆起的长方形包容着当代最伟大的人物当中的一个。然而,恰恰是不留姓名,比所有挖空心思置办的大理石和奢华装饰更扣人心弦;今天,在这个特殊的日子里,成百上千到他的安息地来的人中间没有一个有勇气，哪怕仅仅从这幽暗的土丘上摘下一朵花留作纪念。人们重新感到，这个世界震撼每一个人内心深藏着的感情。

1. 你认同对托尔斯泰墓地的处理方式吗？
2. 请模仿贝多芬墓，选择为托尔斯泰或者米开朗琪罗设计墓碑和墓志铭。

示例：

贝多芬的墓志铭："他总是以他自己的一颗人类的善心对待所有的人。"

> 这是一座锥形的白色大理石墓碑，正面底座上用黑字写着："贝多芬1770—1827"，墓碑中间雕刻着一架金色的竖琴，顶端是一条蛇团团围住一只展翅欲飞的金蝴蝶。蝴蝶象征着渴望自由飞翔的贝多芬，蛇则象征着病魔。贝多芬自26岁开始听力明显下降，但直到两耳失聪后，他还写出了大量传世之作。贝多芬的一生是与命运进行顽强斗争的一生。

墓碑与墓志铭　　　　　　　　　　墓碑设计意图阐释

四、小结

人类发展的道路是漫长的，也是崎岖的。这一路，有山重水复，也有柳暗花明。旧的时代落幕了，一个新的时代正在缓缓展开它的画卷。同学们，改变并不可怕，只要我们能够坚守自己的本真，全心全意为了更美好的未来努力奋斗。

阅读名人传记，感受巨人的精神，汲取英雄的力量，美好的梦想必将实现。

五、作业

推荐阅读《约翰·克利斯朵夫》《复活》。

沙乡年鉴

——【美】利奥波德

一、作品介绍

【内容简介】

《沙乡年鉴》是奥尔多·利奥波德的自然随笔和哲学论文集,也是土地伦理学的开山之作。作者描述了自己在远离现代生活的简陋乡舍中的所见所闻,以及他在美国大陆各地的游历,字里行间体现了作者细致入微的观察,对自然的热爱和对沙乡生活的追忆。作者在作品中持续思索着人类与他们生存其上的大地之间的关系,创造了一种新的伦理学——土地伦理学。他提出"大地共同体"概念,讲述自己对人类、土地和自然的思考,试图重新唤起对自然应保有的爱与尊重。全书语言清新、优美,说明、记叙、描写、议论与抒情相结合,实现了知识性、科学性与抒情性、思想性的完美结合。

【作者简介】

奥尔多·利奥波德,出生在美国衣阿华州伯灵顿市的一个德裔移民之家。由于他的父亲经常带着他到野外活动,利奥波德从小就是一个大自然热爱者。长大后,他做过很多事情,但是由于童年的经历,他选择回归初心,致力于对大自然和土地的研究。

1935年4月,利奥波德把威斯康星河拐弯处一块被丢弃的农田,一块已经盐渍化了的沼泽地,还有一座由流沙堆成的小秃山买了下来,开始着手恢复它的生态环境并进行他的观察和研究。

第二次世界大战期间,利奥波德写出了自己一生中最重要的著作——《沙乡年鉴》。

二、实施要求

《沙乡年鉴》是一本融哲学、伦理学、生态科学于一身的文学作品,教师指导学生阅读时要遵循整本书阅读和自然文学作品的特点,教学流程大致可以设计如下:

1. 教师制定"篇章阅读指导"任务引导学生通读全书，在阅读指导任务单引导下熟悉作品内容。

2. 围绕"沙乡研学之旅"的具体情境，以生为本构建课堂结构，进行导读熟知、精读感悟与自读交流三课时的指导设计。

3. 以情境活动课的形式把握作品主旨，帮助学生学会阅读自然文学作品。

三、导读攻略

【阅读安排】

阅读篇目		阅读时间	阅读任务
第一部分　沙乡年鉴			1. 制作阅读计划表，分章节阅读作品。 2. 每周一次完成读书札记。 3. 根据自己的实际需要和兴趣自行安排阅读节奏，运用批注法进行精读。 4. 完成生物档案 5. 以小组合作形式完成语言赏析。 6. 以思维导图的方式完成作者的观察方式
1月	冰雪消融	第 1 天	
2月	好橡树	第 2 天	
3月	大雁归来	第 3 天	
4月	春潮来袭　葶苈　大果橡　空中舞蹈	第 4—5 天	
5月	从阿根廷归来	第 6 天	
6月	桤木汊——一首关于垂钓的叙事诗	第 7 天	
7月	巨大的财产　大草原的生日	第 8—9 天	
8月	绿色的大草原	第 10 天	
9月	丛林里的唱诗班	第 11 天	
10月	烟熏色的黄金　为时尚早　红灯笼	第 12—13 天	
11月	如果我是风　手中的斧子　强大的堡垒	第 14—15 天	
12月	家园范围　雪地上的松树　65290	第 16—17 天	
第二部分　素写——这儿和那儿			
威斯康星　沼泽地的哀歌　沙乡　奥德修斯之旅　旅鸽纪念碑　弗兰博河		第 18—20 天	
伊利诺伊和爱荷华　伊利诺伊的巴士之旅　踢动的红腿		第 21—22 天	
亚利桑那和新墨西哥最高峰　像山那样思考　埃斯库迪拉山		第 23—24 天	
奇瓦瓦和索诺拉　瓜卡马亚　绿色的泻湖　加维兰之歌		第 24—25 天	
俄勒冈和犹他　雀麦草喧宾夺主		第 26 天	
马尼　克兰德博耶		第 27 天	

续表

阅读篇目	阅读时间	阅读任务
第三部分　结论		1. 小组汇总作者的观察发现与思考，班级汇报。 2. 思考人与自然的关系。 3. 探究本书对当下社会的现实意义
环境保护主义美学	第 28 天	
美国文化中的野生动植物	第 29 天	
关于荒原　剩余无多的荒野　户外休闲的荒野 用作科研的荒野　野生动植物的荒野　谁来护卫荒野	第 30—32 天	
土地伦理　伦理的演化历程　何为群体　生态良知 土地伦理的托词　土地金字塔　土地健康和 A–B 争论	第 33—35 天	
结论	第 36 天	

【阅读指导】

第一阶段：

1. 目标：对科学观察产生兴趣，对整本书有初步的了解；认识到"观察、推测和科学分析"是科学研究的基本方法；初步了解利奥波德的"土地伦理学"的理念。

2. 方法：利用序言和目录，通过跳读筛选和摘录主要信息，了解文章想要阐述的观念，获得对作品的整体印象。

3. 任务：

（1）对《沙乡年鉴》这本书有初步印象。

（2）了解本书的主要内容和想要阐述的观点。

（3）制作研学名片：生物档案。（下图示例）

（4）思考：人与自然关系。

第二阶段：

1. 目标：抓住相关语句，对文本进行多角度解读；了解文本科学性与文学性相结合的特点；体会作者在生态自然的观察背后，是对于人类、对于人类与自然关系的厚重反思。

2. 方法：精读为主，通过"观察手记"聚焦观察及观察背后。

3. 任务：

（1）聚焦"观察"：以小组合作形式完成语言赏析。

（2）聚焦"人物"：以思维导图的方式完成作者的观察方式。

（3）宏观"观察"：①作者有哪些观察发现和思考？小组汇总，班级汇报。

②结合书中第三部分思考作者在观察的背后想要表达的是什么？

第三阶段：

1. 目标：体会作者对自然界一切生命形态的温情与尊重；激发学生保护自然、热爱自然的情感；探究本书对当下社会的现实意义。

2. 方法：快速浏览，摘录作者主要观点，小组交流探讨进行发言。

3. 任务：

（1）研学交流：

①文章有不少蕴含着深厚情感的语句、富于美感的描写等，以小组为单位进行朗读展示。

②选择一个生物进行生活自述或者文本表演，一起组成生物世界。

③读书心得分享。

（2）研学答辩：小组选择答辩内容写在纸条上汇总，每个小组再抽取题目进行答辩。

答辩题目参考：

①是否我们不能同时拥有这两种事物：植物和进步。

②许多时候我们只看见了水里落下的美味，却看不见藏在美味中的钩子。

③野生动物在哺育我们的同时，也塑造了我们的文化，此外，它还为我们的闲暇时光带来了欢乐。

（3）研学思考：小组合作，从以下三个主题中选择一个进行思考与回答。

①《沙乡年鉴》的理论意义。

②《沙乡年鉴》的思想意义。

③《沙乡年鉴》的实践意义。

初识：沙乡研学之旅

——《沙乡年鉴》导读课

【导读目标】

1. 对科学观察产生兴趣，对整本书有初步的了解。

2. 认识到"观察、推测和科学分析"是科学研究的基本方法。

3. 初步了解利奥波德的"土地伦理学"的理念。

【导读重点】了解科学观察笔记的要点。

【导读难点】感受作者人与自然"共同体"的情怀。

【导读过程】

一、课前小调查

你是怎么看待人与自然关系的?

二、研学之旅——激趣导入

观看《迁徙的鸟》纪录片,引起学生兴趣。

同学们,自然是神秘的,生物是多样的,《沙乡年鉴》作为自然随笔和哲学论文集,给我们带来了很多科学观察和思考。今天,让我们一起来一场"沙乡研学之旅"。

三、研学之旅简介——整体印象

1. 视频观看《秒懂百科》:一分钟读懂《沙乡年鉴》。

2. 简介本次"沙乡研学之旅"团长(作者):

奥尔多·利奥波德(Aldo Leopold,1887年1月11日—1948年4月21日)出生于美国爱荷华州伯灵顿市。美国著名生态学家和环境保护主义先驱,被誉为"美国新环境理论的创始者""生态伦理之父"。《沙乡年鉴》是作者的自然随笔和哲学论文集,也是土地伦理学的开山之作。其中,他的作品《大雁归来》被人民教育出版社选入八年级下册语文教科书。

3. 简介本次"沙乡研学之旅"(内容):

追逐融雪中动物的足迹、阅读橡木年轮的历史、倾听大雁迁徙的长鸣……在这部作品中,奥尔多·利奥波德描述了自己在远离现代生活的简陋乡舍中的所见所闻,以及他在美国大陆各地的游历经历。在此过程中,他也持续思索着人类与他们生存其上的大地之间的关系,试图重新唤起人们对自然应抱有的爱与尊重。

4. 翻开名著,走进文本,让我们正式开启这场"沙乡研学之旅"吧!

四、研学内容——筛选信息

1. 本次"沙乡研学之旅"的主要内容是什么?快速浏览书的序言和目录,结合对《沙乡年鉴》的整体印象,对目录中三个部分的小标题做新的取名。

【答案预设】研学内容:①第一部分讲述了"我"和"我"的家人在小木屋欢度周末时光时的见闻和趣事,这些关于小木屋的素写,按季节编排在一起,构成了"沙乡年鉴",可以把这个研学内容取名为"自然界的年轮"。②第二部分"素写——这儿和那儿",是"我"在美国大陆各地的游历经历,可以取名为"有思想启迪的地方见闻"。③

第三部分"结论",从逻辑学的角度,阐述土地观念,可以取名为"土地是一个共同体"。

2. 通过刚才的学习,我们是怎么了解到一本书的主要内容的呢?

【答案预设】利用作品的序言和目录等,理清文章的叙述顺序和逻辑,筛选主要信息,了解文章想要阐述的观念,获得对作品的整体印象。

五、研学名片——制作生物档案

1. 阅读文本《大雁归来》,共同整理"大雁档案"。

大雁档案

名称:大雁　　　　体貌:尾部白色、翅膀黑色　　　图片:(可画可拍)
食物:玉米粒、水　　习性:定期迁徙　　特点:坚定不移、笔直飞行、飞越遥远
种群:雁群是一些家庭,以6只或者6的倍数组成,而孤雁是丧失了亲人的幸存者。
作者情感:作者赋予大雁以人的性情,表现了对大雁的喜爱。
"我"的发现:作者将大雁视为"我们"中的一员,和人类一样,体现作者平等对待自然界生命的情怀。

---

2. 走进第一和第二部分,选择一篇文本仿照"大雁档案"示例制作一份生物档案。

3. 在你阅读的过程中,"研学团长"(作者)是怎么帮助你完成这个生物档案的?

【答案预设】

(1) 细致的观察:作者观察得细致入微,记录得生动细腻,让人读来仿佛正在作者身边,与他一同凝神驻足。

(2) 知识性与科学性的结合:记叙不少关于生物的知识,同时通过观察合理进行推测与分析,科普了不少自然界的知识。

(3) 真挚抒情,输出思想:作者认为要善待自然,将人类自身看作自然的一个平等成员,建立"一种处理人与土地,以及人与土地上生长的动物和植物之间的伦理观"。

六、研学初体会——总结升华

1. 读一读课前写好的你对人与自然关系的看法。

2. 阅读第三部分《土地金字塔》,哪些观点引起你的点赞?说一说。

3. 对于人与自然的关系,你有什么新的看法?写一写。

七、作业

1. 以"人与自然"为主题,写一篇随笔。

2. 观看纪录片《野生动物奇观》《微观世界》《地球脉动》等纪录片。

研学：沙乡观察手记

——《沙乡年鉴》研读课

【研读目标】

1. 抓住相关语句，对文本进行多角度解读。
2. 了解文本科学性与文学性相结合的特点。
3. 体会作者在生态自然的观察背后对人类与自然关系的厚重反思。

【研读重点】文本科学性与文学性相结合的特点。

【研读难点】体会作者在生态自然的观察背后对人类与自然关系的厚重反思。

【研读过程】

一、"观察手记"：激趣导入

同学们，今天我们继续"沙乡研学之旅"，通过文本一起来完成"观察手记"吧！

二、聚焦"观察"：语言赏析

> 【文本一】田鼠的精明之处在于它们知道萋萋芳草是隐藏地下草窠的屏障，积雪是建立地下通道的倚仗——补给等必需品的输送因这些通道而顺畅。对田鼠而言，冰雪可以使它们免受饥饿和远离恐惧。
>
> 【文本二】我们深知这两堆锯屑的意义远远大于木材本身，它更像是一台满载记忆的留声机，在一圈圈历史的年轮中回响，感知着老橡树毕生的时光。锯子拉了十几下，便到达了我们拥有这棵橡树的时期……不知不觉中，我们锯到了橡树的前任主人（一个酿私酒者）的岁月：他讨厌这个农场，他挥霍了仅有的几块肥沃土地，然后烧掉了农舍，把它抵给了当时的政府。
>
> 【文本三】在4月的夜间，当天气暖和得可以呆在屋外时，我们喜欢倾听大雁在沼泽中集会时的鸣叫。在那儿，有很长一段时间都是静悄悄的……然后，突然间，刺耳的雁叫声出现了，并且带着一阵急促的混乱的回声。有翅膀在水上的拍打声，有蹼的划动而发出来的声音，还有观战者们激烈的辩论所发出的呼叫声。随后，一个深沉的声音算是最后发言，喧闹声也渐渐低沉下去，只能听到一些模糊的稀疏的谈论。

1. 聚焦"观察"，看看作者都在观察着什么？

【答案预设】飞禽走兽、奇花异草……大自然的一切生物都在他的观察之内。

2. 聚焦"观察语言"，以小组合作的形式说说作者的语言特色。

小组合作

任务：（1）任选一个语句，进行有感情的朗读。

（2）对作者的语句进行多角度的解读。（你可以从写作手法、修辞、词语、句式等角度进行赏析）

（3）归纳作者语言的特点。

（4）再次有感情地朗读。

要求：（1）以5—6人为一小组。

（2）每一个人均要发表意见，小组成员要学会分析、学会质疑。

（3）小组成员要合理分工：1人记录要点，1人板书，1人发言，1人补充，1或2人进行段落朗读。

（4）文本可以参考上文摘录或者小组自己从书中第一第二部分摘抄出其他语句。

【答案预设】在"2月好橡树"中，作者用了拟人、比喻等手法，把橡树拟人化，将锯屑比作一台满载历史记忆的留声机，每一圈年轮都有不同的历史回响。随着慢慢地切入，时光也慢慢地回流。作者以倒叙的方式，描写在这颗橡树身上留下的岁月痕迹和历史事件，使读者跟随作者思路，去纵观人类发展进程。可以看出，作者平静的叙述下是他的痛心和反思。人们通过破坏自然进行快节奏扩张，随着各种资源消耗殆尽，自然已经伤痕累累，也引发了不少问题。作者将说明、记叙、描写、议论与抒情结合在一起，体现了文章知识性、科学性与抒情性、思想性的完美结合。

三、观察"作者"：人物形象

1. 作者是怎么进行观察的？请以思维导图的方式完成作者的观察方式。

【答案预设】

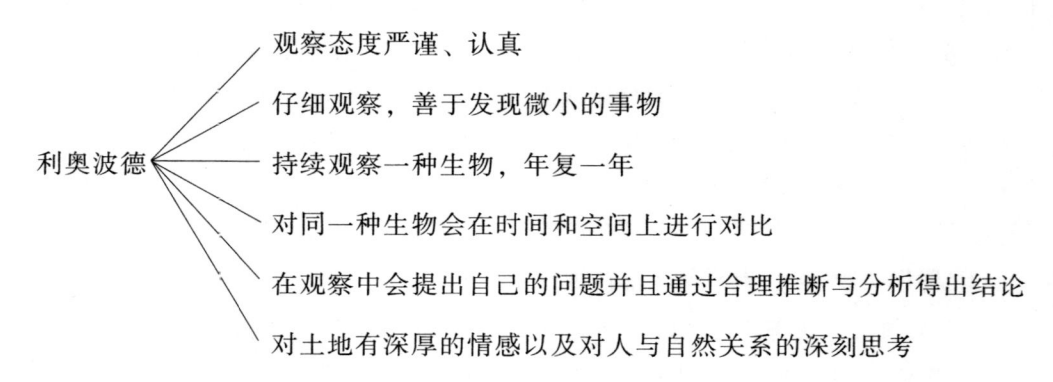

利奥波德
- 观察态度严谨、认真
- 仔细观察，善于发现微小的事物
- 持续观察一种生物，年复一年
- 对同一种生物会在时间和空间上进行对比
- 在观察中会提出自己的问题并且通过合理推断与分析得出结论
- 对土地有深厚的情感以及对人与自然关系的深刻思考

2. 从作者的观察中，你能发现他是怎样的人物形象吗？

【答案预设】利奥波德敬重自然、热爱自然；以谦恭和善良的姿态对待土地；对于自然、土地和人类与土地的关系与命运有着深刻的观察与思考；他的聪明睿智、高瞻远瞩远远超过了他所处的时代，他是新自然保护运动浪潮的领袖。

四、宏观"观察"：人与自然

1. 作者有哪些观察发现和思考？请罗列你找出的几点，小组再进行汇总，最后班级汇报。

【答案预设】人类的每一次土地开垦都是生物的哀歌；我们也是以正义之名行侵略之实的穷兵黩武者；人类对自然所谓的"恩惠"反而导致某一时代的落幕；农民们不愿意搬离沙乡的背后，是因为故土难离；每一个农场都是一本林中生活知识的教科书……

2. 作者在观察中承载了自己丰厚的情感，请你结合书中第三部分思考作者在观察的背后想要表达的是什么？

【答案预设】

（1）保护和扩大面临被侵害和被污染的荒野大地以及荒野上的自由生命。

（2）他倡导一种开放的"土地伦理"，呼吁人们以谦恭和善良的姿态对待土地。

（3）激发人们对土地的热爱和尊敬，强化人们维护这个共同体健全的道德责任感。

（4）土地的伦理范畴包含土壤、水、植物和动物，以及大地上存在的一切。土地的伦理观就是让人放弃征服者的角色，对每一个伦理范畴内的成员暗含平等和尊敬，把它们当成跟自己一样平等的分子。

五、作业

1. 观察身边的动植物，完成一份关于该动植物的"观察手记"。
2. 阅读利奥波德的《野生动物管理》，归纳观点与思考。

展示：沙乡交流大会
——《沙乡年鉴》阅读交流课

【交流目标】

1. 体会作者对自然界一切生命形态的温情与尊重。
2. 激发保护自然、热爱自然的情感。
3. 探究本书对当下社会的现实意义。

【交流重点】

体会作者对自然界一切生命形态的温情与尊重。

【交流难点】探究本书对当下社会的现实意义。

【交流过程】

一、研学之旅尾章：激趣导入

研学之旅就这样进入了尾声，我们在自然中流连，怀着热爱小心且坚定。这节课，就让我们一起在交流中，共同展望人与自然。

本次交流课都以小组为单位进行分享展示。

二、研学交流

1. 文章有不少蕴含着深厚情感的语句、富于美感的描写等，以小组为单位进行朗读展示。

2. 选择一个生物进行生活自述或者文本表演，一起组成生物世界。

在这部作品中，奥尔多·利奥波德描述了自己在沙乡中的所见所闻以及他在美国大陆各地的游历经历，请你选择其中一个生物进行自述。

（学生写在纸条上，小组完成分享后张贴在教室宣传栏上。）

3. 读书心得分享。

结束了此次"沙乡研学之旅"，你对《沙乡年鉴》有什么阅读体会？在小组内进行心得分享，再进行班级展示。

【答案预设】

不同于《昆虫记》给我带来很多关于昆虫的知识，让我产生探索科学的兴趣，《沙乡年鉴》让我沉醉于作者描写的每一幅自然画面，我好像就是跟着他一起置身于大自然，不用特意研究，刻意观察，只用随心所欲，心向即往之。

合上书本，我们应该去何处寻找这自然原始的环境呢？现在的人们置身于嘈杂的都市生活中，露营、野餐成了他们周末的爱好，难道我们越活越回去了？并不是的，只是因为我们的眼前不是山清水秀的大好河山，而是高楼满地；我们闻到的不是淡淡的花香，而是垃圾废气；我们听到的不是鸟语嘤嘤，而是机器作响。我们享受富裕的生活，内心却贫瘠无比，这个我们赖以生存的家园，早已在我们的扩张下千疮百孔。

《沙乡年鉴》告诉我们："人类只是大地的一部分，而绝非大地的主宰者。"我十分认同作者的观点，人类只是自然的一部分，我们应该尊重自然爱护自然。我们给予自然的一切，到时候自然都会回馈给我们！

三、研学答辩

利奥波德在《沙乡年鉴》中不断输出自己的情感与思想。你能否为大家答疑解惑？小组在书本中选择答辩内容写在纸条上汇总，每个小组再抽取题目进行答辩。

【答辩题目参考】

1. 是否我们不能同时拥有这两种事物：植物和进步。

2. 许多时候我们只看见了水里落下的美味，却看不见藏在美味中的钩子。

3. 野生动物在哺育我们的同时，也塑造了我们的文化，此外，它还为我们的闲暇时光带来了欢乐。

4. ……

四、研学思考

小组合作，从以下三个主题中选择一个进行思考与回答。

1. 《沙乡年鉴》的理论意义。

2. 《沙乡年鉴》的思想意义。

3. 《沙乡年鉴》的实践意义。

【答案预设】

1. 利奥波德认为，人的道德观念是按照三个层次来发展的，最早的道德观念是协调人与人之间的关系，达到共生共存。第二层是人与社会的关系，为了构建和谐有序社会的目的。随着人类社会的高速发展，人类文明水平的提高，逐渐出现了第三个层次：人和土地的关系。但是，长期以来，人和土地的关系却是不平等的，人类索取土地上的任何资源并认为是理所当然，习惯把土地作为自己的附属品而无需尽到任何义务。利奥波德首次推出土地共同体这一概念，我们和土地是平等的，我们不能仅仅去享受自以为的特权而不尊重土地，这样会带来严重的后果。这一理念将人类社会的发展置身于土地、自然关系中，使人类能够长远地、有思考地去进行战略部署。

2. 《沙乡年鉴》引导着人们在与自然直观的亲密接触中，感受到自然的美好与伟大、窘迫与伤痛，从而体悟自然自身的价值，以及由于人类举动对其所造成的一连串不可估量的破坏。利奥波德的有关土地伦理的思想可以让人类重视土地和自然问题，并且可以给个人、社会、国家乃至国际一个共同的指导思想。对于个人而言，利奥波德是一位毕生从事野外工作的科学家，通过与大自然的亲密接触进一步认识自然、了解自然，在快乐与享受中培养人们尊重自然、热爱自然的观念，改变人类的狭隘认识，这成了一种道德约束和规范，在生活中潜移默化更多的人。对于国家而言，在真实体悟到环境危机问题后，任何政策法规的实施才会考虑到是否会以破坏土地和自然为代价，而当人们拥有新的生态价值观之后，也会更加积极主动地投身于生态环保的队伍中去。对于国际而言，有一个共同的理念，能够更好地出台国际公约和法则,。和谐是对整个大地共同体的整体要求，只有相互配合，共同维护，世界才会更加美好。

3.《沙乡年鉴》这本书越来越引起重视，有它的实践意义所在。工业革命所带来的危害让西方国家饱受折磨，先开展，再治理的老路显然已不可取，这使得他们不断出台政策法规去预防与遏制，像利奥波德所提倡的那样积极发动国民参与到环保实践中来。将本书作为中学生阅读书目，也表明我国重视青少年关于环境保护的思想建设。而国家各项环境保护政策的出台，完全摒弃了只看中自然经济属性的狭隘观点，为新时期生态文明建设铺设新的道路。在国际社会中，各国积极推进国际公约，世界人民达成共识，将人类视为大地共同体中平等的一员，深刻认识到自然所回馈的都是我们曾经所给予的，所以全世界人民都在以实际行动保护赖以生存的这片土地。